**LER *O CAPITAL* PARA
DESTRUIR O CAPITALISMO**

VIJAY PRASHAD
E. AHMET TONAK
OLIVIA CAROLINO
CHRIS CARUSO
EMILIANO LÓPEZ

LER *O CAPITAL* PARA DESTRUIR O CAPITALISMO

Tradução de Rafael Tatemoto

1ª edição
Expressão Popular
São Paulo – 2024

Copyright desta edição © 2024, Editora Expressão Popular Ltda.

Produção editorial: Miguel Yoshida
Tradução: Rafael Tatemoto
Revisão de tradução: Letícia Bergamini Souto
Preparação: Lia Urbini
Revisão: Marcos Visnadi
Projeto gráfico, capa e diagramação: Zap Design
Impressão e acabamento: Paym

Dados Internacionais de Catalogação-na-Publicação (CIP)

L614   Ler *O capital* para destruir o capitalismo / Vijay Prashad..[et al.]
   ; tradução de Rafael Tatemoto.--1.ed.-- São Paulo :
   Expressão Popular, 2024.
   126 p. : il., grafs.

   ISBN 978-65-5891-157-9
   Vários autores.
   Título original: Reading capital to smash capitalism.

   1. O capital. 2. Economia marxista. 3. Movimento socialista.
  4. Marxismo. I. Tatemoto, Rafael. II. Título.

                 CDU 330.85
Elaborada por Eliane Maria da Silva Jovanovich - CRB 9/1250

Todos os direitos reservados. Nenhuma parte deste livro pode ser utilizada ou reproduzida sem a autorização da editora.

1ª edição: novembro de 2024

EXPRESSÃO POPULAR
Alameda Nothmann, 806 – Campos Elíseos
CEP 01216-001 – São Paulo – SP
livraria@expressaopopular.com.br
www.expressaopopular.com.br
◼ ed.expressaopopular
◎ editoraexpressaopopular

Sumário

Nota editorial 7

Introdução 9
Vijay Prashad

O capital e o materialismo histórico 15
Vijay Prashad

O interesse de Marx em Economia Política 27
E. Ahmet Tonak

A mercadoria e o processo de troca 39
Olivia Carolino

Dinheiro-capital-força de trabalho 51
Chris Caruso

Mais-valia absoluta e jornada de trabalho. Valorização,
capital constante, capital variável e taxa de mais-valia 61
Emiliano López

Mais-valia relativa, cooperação, divisão do trabalho 69
Emiliano López

Mais-valia relativa 77
E. Ahmet Tonak

A acumulação de capital 87
Chris Caruso

Acumulação primitiva 99
Olivia Carolino

A jornada por *O capital* 113
Vijay Prashad

Sobre os autores 125

Nota editorial

Este livro, *Ler O capital para destruir o capitalismo*, é fruto de uma iniciativa de diferentes organizações sociais de várias partes do mundo de colocar em prática aquilo que Karl Marx enunciou em sua 11ª tese sobre Feuerbach: "Os filósofos apenas *interpretaram* o mundo de diferentes maneiras; porém, o que importa é *transformá-lo.*" Durante a pandemia de covid-19, o Instituto Tricontinental de Pesquisa Social ao lado da Assembleia Internacional dos Povos realizou um ciclo de estudos sobre o livro I d'*O capital* tendo como foco principal compreender a análise do modo de produção capitalista realizada por Marx – sempre com o apoio de F. Engels – em sua obra máxima. O diferencial dessa proposta é o fato de que a leitura da obra foi feita a partir da perspectiva popular e do Sul Global. Como bem expressa o título do livro, a proposta é realizar uma leitura rigorosa da teoria presente na obra, mas com o nítido objetivo – que era também o dos dois revolucionários alemães – de transformar a realidade. As aulas, convertidas em textos, foram realizadas por educadores e educadoras vinculados a organizações sociais e processos políticos de transformação em seus países; a audiência era composta por militantes de diversas organizações, partidos, movimentos de países do Sul Global, em ao menos quatro línguas distintas (português, espanhol, inglês e árabe).

Outra especificidade dessa publicação é que ela faz parte e busca fortalecer o espírito internacionalista editorial, sendo que este livro foi publicado em inglês pela editora indiana LeftWord books; em castelhano, na Argentina, pela editora Batalla de ideias; e aqui, no Brasil, pela Expressão Popular.

Ainda dentro dessa mesma preocupação de difundir a compreensão – voltada para a transformação social – d'*O capital,* colocamos ao fim de cada capítulo um código QR com acesso às aulas legendadas em português hospedadas no Youtube. Esperamos que esse livro seja lido não apenas de forma individual, mas que fomente processos de estudo e debates coletivos da obra máxima de K. Marx para pensarmos sua vigência e atualidade. Esperamos ainda que com isso consigamos avançar na organização popular para combater o capitalismo e construir uma sociedade em que, como diziam Marx e Engels no *Manifesto do Partido Comunista*, o livre desenvolvimento de cada um é o pressuposto para o livre desenvolvimento de todos.

Os editores

Introdução

Vijay Prashad

Em 25 de julho de 1867, Marx sentou-se em seu apartamento em Londres e completou um breve prefácio para o primeiro volume d'*O capital,* uma obra na qual trabalhou meticulosamente por muitos anos. O argumento central do livro, escreveu ele, gira em torno da especificidade do modo de produção capitalista, que cria uma enorme riqueza social ao mesmo tempo que empobrece o trabalhador industrial e agrícola. O segredo desse estado de coisas contraditório foi encontrado no primeiro volume do que Marx sugeriu que seria uma série de livros. Ele alertou seu leitor para que não fosse muito otimista, para que assumisse que a situação era tão ruim quanto ele havia descrito e analisado. "Perseu precisava de um capacete da invisibilidade para perseguir os monstros. Nós puxamos o capacete mágico a fundo sobre nossos olhos e orelhas, para podermos negar a existência de monstros".[1] Nesse livro, Marx argumentou que o monstro não era este ou aquele capitalista ("Não pinto, de modo algum, as figuras do capitalista e do proprietário fundiário com cores róseas. Mas aqui só se trata de pessoas à medida que são personificações de categorias econômicas,

---

[1] Karl Marx, *O capital,* volume I, 1867. Nova Delhi: LeftWord Books, 2010, p. 20. [Marx, K. *O capital.* Livro I, t. I. São Paulo: Nova Cultural, 1996, p. 131.]

portadoras de determinadas relações de classe e interesses"),[2] mas sim o sistema capitalista em geral.

Marx passou sua juventude trabalhando com base em várias formas de idealismo – tanto dos jovens hegelianos quanto dos socialistas utópicos – e por meio de um materialismo a-histórico – de escritores que ele admirava, como Feuerbach. O conhecimento, argumentou ele já em 1846, tinha de ser construído a partir das condições materiais da vida humana, ou seja, da atividade incessante da produção social. Uma vasta leitura de relatórios do governo e da atividade sindical aliada a uma leitura atenta de Adam Smith, David Ricardo e outros permitiu que Marx desenvolvesse sua compreensão científica do capitalismo. Isso apareceria em vários textos, como sua *Contribuição à crítica da Economia Política* (1859) e *O capital* (1867). Foi por meio de seus estudos que Marx desenvolveu sua compreensão de como o ser humano que perdeu seus meios de sobrevivência teve que vender sua força de trabalho como mercadoria ao capitalista, e como essa força de trabalho foi manejada no chão de fábrica por meio do embate em torno do tempo e da produtividade para fornecer mais-valia, que foi então arrancada pelo capitalista para acumular capital. Essa acumulação de capital – a partir do roubo da mais-valia no processo de produção – permitiu aos capitalistas expandirem sua operação de produção e aprofundar seu domínio sobre a ordem econômica, social e política. Foi essa avaliação científica que permitiu a Marx explicar por que um trabalhador, que trabalhava incessantemente, não conseguia se libertar da exploração por meio de uma poupança ou do trabalho mais árduo; explicar por que a aparente máquina de movimento perpétuo de acumulação de capital continuava gerando desigualdade. O antídoto, até onde a teoria de Marx mostrou, era reconhecer que os grilhões dos trabalhadores não eram preguiça ou falta de engenhosidade; eram a falta de poder para questionar a base do sistema e lutar por sua transformação.

---

[2] *Id., ibid.* (N. E.)

O capital é mais bem lido coletivamente, destacando passagens importantes e com discussões ricas em possibilidades. Marx fornece uma teoria das contradições duradouras do capitalismo, que de fato avançou e se desenvolveu além de seus elementos do século XIX, mas que, no entanto, está enraizado nas mesmas estruturas. A identificação dessa estrutura por Marx e o método pelo qual ele a descobriu nos fornecem um guia para buscar nossa própria avaliação precisa das estruturas de exploração e opressão de nosso próprio tempo. Uma atitude científica deve orientar nossa investigação sobre as razões pelas quais a desigualdade social é reproduzida rotineiramente em nosso mundo. A indignação é importante, mas apenas quando combinada com a compreensão mais cuidadosa e precisa de como a totalidade do sistema opera. É claro, por exemplo, que o sistema capitalista cambaleia de uma crise para outra, que não consegue encontrar um projeto de credibilidade que nos conduza para além dessas crises.[3] Cada crise demonstra a insolvência do sistema, e com cada crise e as soluções mornas dos gestores burgueses vêm as mesmas respostas esgotadas; por exemplo, injetar liquidez no setor financeiro e socorrer as corporações multinacionais. A ordem burguesa está mais preocupada em salvar o sistema capitalista do que em salvar a humanidade. Isso é claro. Mas nós, como marxistas, precisamos entender precisamente a natureza da crise e ver no interior do mundo quais elementos existem para nos levar adiante no mundo que deve ser construído.

Uma crise é seguida por outra, e algumas delas abrem espaço para projetos socialistas. Mas estes são poucos e distantes entre si. Uma leitura d'*O capital* – e uma compreensão da tradição socialista – exige que desenvolvamos uma avaliação sóbria das limitações subjetivas de nossas forças políticas. O sistema capitalista está

---

[3] E. Ahmet Tonak e Sungur Savran, *O mundo em depressão econômica: uma análise marxista da crise*, https://thetricontinental.org/pt-pt/dossie-caderno-4-crise-economica/.

em crise há 40 anos. Também é claro que nesse período a classe trabalhadora globalmente lutou para construir sua força, que os reservatórios de poder da classe trabalhadora se desgastaram, que nossas organizações não são o que deveriam ser. Desenvolver estratégias para construir a força independente da classe trabalhadora e do campesinato continua sendo uma tarefa-chave de nosso tempo, que, como na época de Marx, se configura como um período de contrarrevolução. Uma das grandes desvantagens da atual proliferação de atrocidades é a sensação de que nada além desse pesadelo é possível. Não é possível imaginar possibilidades. A zombaria afasta o pensamento sobre um futuro diferente. Quando alguém tenta fazê-lo, sempre são humanos resilientes, aqueles que estão no poder se esforçam para eliminá-los. É melhor para os poderosos e proprietários ver que nenhum modelo de alternativa pode florescer. Isso colocaria em questão a afirmação de que o que governa o mundo agora é eterno, que a História acabou.

É para construir nossa teoria do presente, para aprender a construir as organizações disciplinadas necessárias em nosso tempo e nos armar para acompanhar as ondas de lutas que irrompem periodicamente que o Instituto Tricontinental de Pesquisa Social e o Coletivo Internacional de Educação Política desenvolveram um curso *online* para apresentar metodicamente *O capital* a uma nova geração de militantes. Em dez palestras, apresentamos nossas avaliações da obra, enquanto militantes – em grupos – discutiam acaloradamente em quatro idiomas (árabe, inglês, português e espanhol) para aprofundar sua própria compreensão dos argumentos d'*O capital*, do método de Marx e da nossa própria conjuntura. As palestras foram transcritas e editadas por nós cinco que ministramos o curso – e agora são apresentadas neste livro. Esperamos que ele sirva de guia para quem está lendo *O capital* em grupos de leitura e em aulas, seja nas universidades, seja nos acampamentos dos sem-terra, seja nos sindicatos. Tentamos explicar os conceitos da obra de Marx da forma mais clara possível e oferecer um resumo com o objetivo de provocar discussão e debate.

Encorajamos você a tirar o capacete dos olhos, a ler *O capital*, de Marx, e a se juntar a nós na construção do movimento socialista necessário, tanto para salvar a humanidade da autodestruição quanto para nos levar a um futuro socialista.

***

Agradecemos a Celina Della Croce, Daniel Tirado, Pilar Troya Fernández, Renata Porto Bugni e Stephanie Weatherbee pela organização do curso e pelo gerenciamento do trabalho técnico de ministrar uma aula *online* dessa magnitude em vários idiomas (árabe, inglês, português e espanhol) e em muitos fusos horários. Os alunos do curso nos inspiraram a levar Marx até eles.

O capital e o materialismo histórico

Vijay Prashad

Em 1842, aos 24 anos, Karl Marx observou algo terrível ocorrendo nas florestas da Renânia.[1] Os camponeses que recolhiam madeira caída das florestas estavam sendo espancados e presos pela polícia. Havia sido aprovada uma nova lei que dizia que os produtos florestais, que por costume estavam disponíveis para qualquer pessoa, agora pertenciam aos proprietários da floresta. "O povo vê a punição", escreveu Marx, "mas não vê o crime".[2] Estava claro que eles estavam sendo presos, eles estavam sendo espancados – isso era o castigo. Mas qual foi o crime? Não estava claro para o campesinato.

Três anos depois, em 1845, o amigo de Marx, Friedrich Engels, publicou *A situação da classe trabalhadora na Inglaterra*, um livro notável no qual o autor descreve um inferno na Terra. Os trabalhadores industriais, Engels mostrou, enfrentavam uma "guerra social" contra a burguesia. "Mulheres tornadas impróprias para

---

[1] Tema debatido por Marx em uma série de artigos reunidos em uma coletânea publicada no Brasil, cf. Marx, K. *Os despossuídos*. São Paulo: Boitempo, 2016. (N. T.)

[2] Marx, K. Debates on the Law on Theft of Wood [Debates sobre a lei referente ao furto de madeira], 25 out. 1842, *Collected Works*, v. 1, p. 227-228 [cf. Marx, K. *Os despossuídos. op. cit.*]

procriar, crianças deformadas, homens enfraquecidos, membros esmagados, gerações inteiras destruídas, afligidas por doenças e enfermidades, apenas para encher os bolsos da burguesia",[3] escreveu Engels de Manchester, a cidade onde morava. Não era preciso ser comunista, como ele viria a ser, para se indignar com o cenário descrito.

No mesmo ano em que Engels publicou *A situação da classe trabalhadora na Inglaterra*, Benjamin Disraeli, que mais tarde se tornaria um primeiro-ministro conservador da Grã-Bretanha, publicou *Sybil: Or Two Nations* [Sybil, ou as duas nações]. As "duas nações" mencionadas no título não são dois países, mas as duas nações dentro da Grã-Bretanha: a nação da burguesia, para usar o vocabulário de Engels, e a nação do proletariado. A Grã--Bretanha estava dilacerada por uma grande disparidade social e pela guerra de classes. Tanto Engels, o jovem comunista, quanto Disraeli, o jovem conservador, viam a mesma coisa. Assim como fez o romancista Charles Dickens, cujo romance *Tempos difíceis*, publicado em 1854, descrevia os terrores da vida nas sombras das grandes fábricas; e Elizabeth Gaskell em seu romance de 1855, *Norte e sul*. Tanto Dickens quanto Gaskell basearam seus romances em Manchester; seus protagonistas, Stephen Blackpool, na obra de Dickens, e Margaret Hale, na de Gaskell, dão o seu trabalho e são dizimados por ele. Esses sensíveis escritores ficaram chocados com a grande violência imposta às comunidades de trabalhadores, que trabalhavam por horas a fio, brutalizados pela velocidade da produção fabril, inalando o pó do algodão e do carvão, incapazes de construir vidas – e que agora estavam reduzidos ao trabalho, "mãos" como eram chamados.

A desigualdade era um problema, sem dúvidas. Apenas almas sem coração não poderiam perceber.

---

[3] Engels, Friedrich. *Condition of the Working Class in England*, 1845, *Collected Works*, v. 4, p. 457 [Há edição brasileira: Engels, F. *A situação da classe trabalhadora na Inglaterra*. São Paulo: Boitempo, 2008].

Uma geração antes de Engels, Disraeli, Dickens e Gaskell, o economista político David Ricardo também observou esse problema em *Princípios de Economia Política e tributação*, obra publicada em 1817. Mas o problema, para pessoas como Ricardo e liberais de todos os tipos, é que a riqueza produzida na sociedade não é distribuída de forma adequada. A solução para vários problemas na sociedade está no nível da distribuição: a tributação poderia tomar parte dos recursos dos mais ricos e direcioná-la para os mais pobres. Certamente, o problema era a grande divergência entre os recursos em posse dos ricos e dos pobres; acima de tudo, as próprias descrições de "rico" e "pobre" derivavam das diferenças no controle de recursos.

Para Marx, entretanto, Ricardo e outros não haviam perguntado a questão fundamental: por que alguns detinham tanta riqueza, enquanto outros tinham tão pouco? Por que, em outras palavras, era crime coletar madeira caída nas florestas do Reno? Era um crime, sustentou Marx, pois os camponeses pegavam lenha que havia sido declarada propriedade privada; a madeira caída já não era propriedade comunal das pessoas; antigas práticas costumeiras foram postas de lado pela implementação rigorosa da ordem legal burguesa.[4]

Os liberais viam o problema: a pobreza das pessoas, até mesmo a violência contra aqueles que trabalhavam duro e apenas tentavam sobreviver. Mas o que eles não entendiam era a razão para essas pessoas serem pobres e por que havia aquela violência – tanto a violência visível, como a polícia batendo em pobres, quanto a estrutural como a fome, disseminada entre os pobres.

No final do capítulo 6 do livro I d'*O capital*,[5] Marx afirma que para compreender a razão pela qual o mundo está em um estado

---

[4] Thompson, E.P. *Whigs and Hunters: The Origins of the Black Act*. Londres: Allen Lane, 1975.

[5] O trecho "A compra e venda da força de trabalho" equivale ao capítulo 6 nas edições em inglês e francês. As edições em português, seguindo a alemã, costumam indicar como a terceira parte do capítulo "Transformação do di-

18 Vijay Prashad

tão lamentável nós devemos sair da dimensão da distribuição[6] e adentrar o reino da produção.

> Abandonemos então, junto com o possuidor de dinheiro e o possuidor da força de trabalho, essa esfera ruidosa, existente na superfície e acessível a todos os olhos, para seguir os dois ao local oculto da produção, em cujo limiar se pode ler: *No admittance except on business* [Entrada permitida apenas para negócios]. Aqui há de se mostrar não só como o capital produz, mas também como ele mesmo é produzido, o capital. O segredo da fabricação de mais--valia há de se finalmente desvendar.[7]

Na superfície há palavras como liberdade e igualdade, mas abaixo delas reside o mistério da extração da mais-valia, da criação do lucro e da acumulação de capital; é nesse ponto que podemos entender por que a desigualdade social é reproduzida e intensificada. É aqui que Marx revela o segredo da acumulação capitalista.

Os trabalhadores, despossuídos dos meios de produção, não têm como sobreviver sem vender sua força de trabalho ao capitalista; o capitalista, que é dono dos meios de produção, utiliza agora a força de trabalho para produzir uma variedade interminável de mercadorias que são vendidas para obter lucro. A maior parte do lucro no capitalismo não vem do comércio – comprar barato e vender caro –, mas da extração de mais-valia no processo de produção. A produção social, aprimorada pelo imenso poder da ciência e da tecnologia, gera um número enorme de mercadorias e de riqueza social; o que impede os trabalhadores de acessarem a própria riqueza social que produzem é o fato social da propriedade privada.

Existem bens suficientes para satisfazer as necessidades das pessoas, mas elas não podem ter acesso a eles porque não têm dinheiro, não têm acesso aos frutos da propriedade privada. A

---

nheiro em capital", o quarto do livro I e único da segunda seção, de mesmo nome. (N. T.)

[6] Aqui entendida, a partir do próprio texto de Marx, como "esfera da circulação". (N. T.)

[7] Marx, K. *O capital*. livro I, t. I, *op. cit.*, p. 293. (N. E.)

O *capital* e o materialismo histórico **19**

punição delas é morrer de fome ou serem presas por roubo se forem colher lenha ou pegar comida. O crime delas é violar a propriedade privada. Sua única missão é vender sua força de trabalho, sua principal mercadoria, para que possam ser exploradas pelo capitalista para acumular, pois essa acumulação é para o capitalista uma religião, é seu "Moisés e os profetas", como escreve Marx no capítulo 22 do livro I d'*O capital*.

O filósofo alemão Hegel, que ensinou muito a Marx, acreditava que "a história mundial é o progresso da consciência" ou, em outras palavras, que o desenvolvimento da liberdade humana define a história do mundo.[8] A luta pela liberdade, protagonizada pelo povo, é suficiente para levar a humanidade à emancipação. Essa era a visão de Hegel.

Para Marx e Engels, a ênfase na emancipação era estimulante, mas limitada. Certamente, pessoas lutaram de diferentes maneiras para se emancipar de várias formas de sujeição. Mas uma revisão dessas próprias lutas não seria suficiente para entender tanto a dinâmica da história quanto a possibilidade de emancipação. O desenvolvimento histórico ocorre sob condições particulares, historicamente específicas. Com base no estado das condições materiais, os seres humanos estabelecem relações concretas uns com os outros para formar relações sociais concretas. Em tempos de escassez, por exemplo, há maior probabilidade de escravidão, pois as relações entre as pessoas são mediadas ou moldadas pela falta de bens materiais. A enorme produção de bens em escala industrial permitiu a Marx imaginar a possibilidade do movimento dos seres humanos do "reino da necessidade" para o "reino da liberdade", ou seja, o socialismo; isso não era "liberdade" em termos idealistas, mas liberdade como emancipação humana total, o que significa liberdade tanto em termos idealistas quanto materialistas.

A concorrência entre capitais e entre capital e trabalho resulta na transformação das forças produtivas, ou seja tecnologia

---

[8] Hegel, G. W. F. *Lectures on World History*, 1837, seção 21.

20 Vijay Prashad

mais avançada e organização mais eficiente da produção. Esse desenvolvimento das forças produtivas intensifica a pressão sobre as relações sociais de produção, o que aguça o conflito entre as classes. Tais contradições, aguçadas pela luta entre as classes, impulsionam a história por meio de um "zigue-zague" nem sempre em direção progressiva, como Engels escreveu em sua nota sobre o prefácio de Marx à *Contribuição à crítica da Economia Política*, de 1859.[9] Nesse prefácio, Marx tenta explicar a relação dialética entre as forças produtivas, ou seja, a tecnologia e a organização da produção, e as relações sociais de produção – a maneira pela qual os humanos se relacionam uns com os outros, seja por meio de hierarquias de *status* ou de classe. Voltando-se contra o idealismo de Hegel, Marx escreve objetivamente: "Não é a consciência dos homens que determina sua existência, mas sua existência social que determina sua consciência".[10] Ele não quer dizer que os humanos podem ficar sentados passivamente enquanto a tecnologia impulsiona a história; mas que a luta entre as forças produtivas, elas próprias moldadas por seres humanos, e a organização da sociedade em classes, que são novamente moldadas por seres humanos, impulsionarão a história. Ele quer dizer que a combinação das forças produtivas e das relações sociais, sua existência social, e não meramente sua consciência, é o motor da história.

De forma tentadora, no prefácio, Marx escreve que ainda estamos apenas na "pré-história" da humanidade.[11] Até agora, ele escreve, houve uma série de fases na existência humana: asiática, antiga, feudal e burguesa moderna. Cada uma delas é fundada na "forma antagônica do processo social de produção". É importante notar que esse é um esboço de uma série de formações sociais, e não uma lista abrangente de estágios. Marx expôs essas fases para enfatizar

---

[9]   Há edição brasileira do texto de Engels em: Marx, K. *Contribuição à crítica da Economia Política*. São Paulo: Expressão Popular, 2010. (N. E.)

[10] Marx, K. *Contribution, Collected Works*, v. 29, p. 263 [Marx, K. *Contribuição à crítica da Economia Política*. São Paulo: Expressão Popular, 2009, p. 46].

[11] *Ibid*., p. 264 [*Ibid*., p. 46].

O *capital* e o materialismo histórico **21**

a natureza contingente da existência humana, as vastas mudanças que já ocorreram na história e as mudanças que estão diante de nós. Além da forma capitalista existe outra forma de história, na qual o antagonismo social é superado pela organização social da produção. Essa é a forma histórica que Marx e Engels chamam de comunismo. Há vários pontos importantes a serem destacados a partir dessa teoria da história que atende pelo nome de materialismo histórico.

Primeiro: que "humano" não é um conceito eterno. Marx é muito cauteloso quanto ao uso de categorias. Palavras como "dinheiro" ou "humano" parecem ser atemporais ou trans-históricas, mas na verdade têm significados diferentes em diferentes épocas históricas. Na Tese 6 sobre Feuerbach, Marx escreve: "A natureza humana não é uma abstração que habita dentro do indivíduo singular. Sua realidade é o conjunto das relações sociais".[12] Onde existia a escravização de humanos, como no mundo antigo, falar de humano não significava falar de todas as pessoas universalmente; "humano" como um conceito apenas descrevia certas pessoas; foram necessárias grandes lutas para emancipar as pessoas da escravidão e redefinir o termo humano para se referir a humanos universalmente. Relacionada a isso está a "natureza humana". Os apóstolos do capitalismo argumentaram que o sistema é fundado na ganância, que é um sentimento essencial da natureza humana. Todo o sistema da economia dominante, a curva de oferta e demanda, por exemplo, tem como premissa a ganância; cada parte busca o melhor negócio possível, todas as outras condições iguais. Mas toda transação entre humanos não pode ser reduzida à ganância, já que os humanos são complexos e nossa natureza é histórica e contextual. Às vezes, o que domina as interações humanas é o amor; outras vezes, é o medo ou a incerteza. A ganância é apenas um de um conjunto complexo de sentimentos, e o que entendemos

---

[12] Marx, K. *Theses on Feuerbach, Collected Works*, v. 5, p. 4 [Há edição brasileira: Marx, K. e Engels, F. Teses sobre Feuerbach. In: *A ideologia alemã*. São Paulo: Expressão Popular, 2009.].

22 Vijay Prashad

como ganância agora não era algo universal nos tempos antigos, quando certas pessoas não podiam ser governadas por ela. *Segundo*: que a formação social dominante não é eterna. A lista de fases que Marx fornece, da asiática à burguesa moderna, sugere que a história humana não é estática, nem é moldada por conflitos transcendentais e titânicos, como entre liberdade e não liberdade. Marx toma os grandes desafios históricos identificados por Hegel, a fome de liberdade, por exemplo, e os fundamenta nos processos históricos reais que são moldados por forças materiais e idealistas, desde a capacidade das pessoas de gerar excedentes sociais suficientes até a de imaginarem-se além das restrições de uma sociedade de classes. O capitalismo, por exemplo, não é uma condição permanente, cujas raízes podem ser buscadas no mundo antigo e depois desenhadas em formas cada vez maiores de complexidade no futuro. Em vez disso, Marx argumentou que o capitalismo era apenas mais uma formação social em um longo processo de desenvolvimento social da produção, que inclui sociedades pré-capitalistas organizadas de maneiras que seriam totalmente estranhas a uma sociedade capitalista; se o pré-capitalismo era tão diferente do capitalismo, então o capitalismo não é eterno e também pode ser superado.

Terceiro: que o capitalismo avançou o suficiente para indicar um possível futuro socialista. Em *A ideologia alemã*, Marx e Engels escreveram que uma sociedade futura, uma sociedade comunista, não é "um estado de coisas estabelecido, um ideal ao qual a realidade deve se ajustar. Chamamos de comunismo o movimento real que abole o atual estado de coisas. As condições desse movimento resultam das premissas agora existentes".[13] O capitalismo avançou bastante, a socialização do trabalho aumentou a riqueza material da sociedade, que por sua vez poderia ser socializada para fornecer riqueza material e espiritual a cada

---

[13] Marx, K.; Engels, F. *The German Ideology*, 1846, *Collected Works*, v. 5, p. 49 [Há edição brasileira: Marx, K. e Engels, F. *A ideologia alemã*. São Paulo: Expressão Popular, 2009.].

O *capital* e o materialismo histórico   **23**

pessoa. Em seus escritos das décadas de 1840 a 1860, Marx e Engels indicaram caminhos para uma transição socialista que se distanciasse das calamidades do capitalismo. Aqui estão alguns exemplos do futuro já visível há 180 anos:

a) se os meios de produção fossem propriedade social, então a produção poderia ser administrada e desenvolvida de forma planejada pelos próprios produtores;

b) se a produção material fosse racionalmente organizada, então a escassez de bens essenciais seria eliminada;

c) se a tecnologia e a produtividade avançassem, então os níveis educacionais se elevariam e a distinção entre trabalho manual e intelectual seria atenuada.

Nenhum desses caminhos é utópico, eles são perfeitamente visíveis no tempo presente; porém são bloqueados pelas hierarquias baseadas em privilégio, propriedade e poder. O desenvolvimento das forças produtivas não necessariamente leva o proletariado à revolução social. Há outras possibilidades objetivas além da necessidade de uma transformação social; a responsabilidade pela transformação não é deixada para abstrações como a história ou as forças produtivas, mas para as ações da própria classe trabalhadora.

No prefácio à *Contribuição...*, de 1859, Marx esboçou sua perspectiva sobre a contradição entre forças produtivas e relações sociais de produção. Oito anos depois, no centro d'*O capital*, no capítulo 24, Marx retorna para a contradição chave que ele havia identificado. Aqui, em um parágrafo, ele resume os elementos concretos do desenvolvimento do capitalismo que aceleraram a possibilidade objetiva da transição para o comunismo. A lógica do capitalismo, ele escreveu, tende à centralização de capital. A partir disso, ele descreveu os desenvolvimentos necessários:

a) a forma cooperativa[14] do processo de trabalho em uma escala cada vez maior;

---

[14] A noção de cooperação em Marx é mais abrangente que a atual acepção da expressão. Para uma melhor compreensão, consultar o capítulo 11 do livro

24 Vijay Prashad

b) a aplicação técnica consciente da ciência (incluindo o cultivo do solo);
c) a otimização de todos os meios de produção mediante sua utilização como tal;
d) o trabalho combinado e socializado;

Cada um desses elementos – cooperativas, melhor utilização da ciência (incluindo a agronomia), socialização da produção – abre caminho para uma maior produção social, para um maior benefício social, ou seja, para o comunismo. Mas existe uma barreira. "O monopólio do capital torna-se um grilhão para o modo de produção", escreve Marx. Esse monopólio do capital, o poder do capital, o poder que a propriedade privada dá a algumas pessoas por meio de seu poder monetário e seu controle do Estado, impede uma fácil transformação do sistema. É esse monopólio do capital que bloqueia a transição.

Atrás da barreira do monopólio do capital existem outros impedimentos significativos. No prefácio de 1859, Marx escreveu que a "transformação material das condições econômicas de produção" pode ser "determinada com a precisão da ciência natural". Por exemplo, observando a lista ao fim do capítulo 24, nós podemos medir o grau de centralização de capital, da socialização do trabalho, do aprimoramento da produtividade decorrente da aplicação consciente da ciência e assim por diante. As condições objetivas para o avanço ao socialismo existem em decorrência do movimento real do desenvolvimento social. O amadurecimento das condições objetivas para uma transformação encontra "seus grilhões", notadamente o monopólio do capital". Marx escreve em 1859: "Então se inicia uma era de revolução social". Ele aponta que é por meio das "formas jurídicas, políticas, religiosas, artísti-

---

I d'*O capital*. Nesse capítulo, Marx define cooperação como a "forma de trabalho em que muitos indivíduos trabalham de modo planejado, uns ao lado dos outros e em conjunto, no mesmo processo de produção". (N. T.)

cas ou filosóficas, em suma, ideológicas, que os homens ganham consciência desse conflito e o resolvem".

Os marxistas reconhecem que nos mundos cultural e social a batalha das ideias é travada em torno do processo de transformação. Quando ocorreu a Revolução Russa contra o império tsarista, o dirigente marxista e comunista italiano Antonio Gramsci a chamou de revolução contra *O capital*; ele se referia ao livro de Marx e não ao capital ou o capitalismo.[15] Gramsci refletiu sobre o teor geral da obra de Marx, conforme exposto no prefácio de 1859, que aponta que "uma formação social nunca decai antes de estarem desenvolvidas todas as forças produtivas para as quais é suficientemente ampla". Então, por que houve uma revolução contra o capital em direção ao socialismo em um lugar relativamente atrasado como o império tsarista?

Os marxistas depois de Marx, com Lenin no centro desse debate, argumentaram que nas regiões colonizadas do mundo os avanços do capitalismo são bloqueados pelo imperialismo. Não há possibilidade de desenvolvimento de um capitalismo mais completo nas colônias (ou em lugares como o império tsarista, nas margens do capitalismo avançado). Não há necessidade de esperar pelo desenvolvimento das forças produtivas, simplesmente porque elas não se desenvolverão. Ler *O capital* em lugares do mundo que foram mal desenvolvidos pelo imperialismo exige uma atenção escrupulosa para o fato de que as forças produtivas não são totalmente desenvolvidas e jamais o serão completamente. A leitura requer o complemento feito por Lenin de que revoluções podem ocorrer nos "elos mais fracos" da cadeia imperialista e que, portanto, a responsabilidade pelo desenvolvimento das forças produtivas pertence aos socialistas. Essa leitura requer o estudo sobre como os socialistas devem desenvolver as forças produtivas

---

[15] Antonio Gramsci, "La Rivoluzione contro il Capitale", *Avanti*, 24 de dezembro de 1917 [texto disponível em português cf. Gramsci, A. *Odeio os indiferentes: escritos de 1917*. São Paulo: Boitempo, 2020].

sem libertar em sua integralidade "o espírito animal" da depravação capitalista. Essas são questões sobre o "movimento real" da história, e não sobre o "ideal ao qual a realidade deve se ajustar".

É importante refletir sobre a carta de 1871 de Marx a Kugelmann, na qual ele escreveu: "A história mundial seria de fato muito fácil de fazer se a luta fosse iniciada apenas quando as condições fossem infalivelmente favoráveis".[16] As lutas devem continuar, as oportunidades devem ser aproveitadas, devemos estar preparados para vencer mesmo quando as coisas nem sempre são propícias.

Mas ao lado desse reconhecimento – feito por Marx em 1871 e vivido pelos bolcheviques em 1917, pelos mongóis em 1919, pelos vietnamitas em 1945, pelos chineses em 1949, pelos cubanos em 1959 e por outros – temos também que reconhecer a ciência do materialismo histórico e as grandes contradições no caminho da criação de uma humanidade genuína.

Nós lemos *O capital* de Marx não apenas para entender os mecanismos pelos quais a mais-valia é extraída, mas também para compreender a luta de classe por meio da qual o sistema pode ser superado. Você aprenderá muito com *O capital*: utilize-o bem.

Use-o para aprender suas lições e aprimorar seu pensamento, ou simplesmente como um tijolo para arremessar contra a vidraça de um banco.

---

[16] Marx a Ludwig Kugelmann, 17 abr. 1871, *Collected Works*, v. 44, p. 136-137.

O interesse de Marx
em Economia Política

E. Ahmet Tonak

Em relação à orientação e ao desenvolvimento teórico de Marx, a metade da década de 1840 é o *ponto de não retorno*. Antes disso, ele estava interessado em questões filosóficas, políticas e históricas. Como uma área secundária, também nutria interesse pelo Direito. Marx afirma que se encontrou pela primeira vez, em suas próprias palavras, na "posição embaraçosa de ter de discutir o que é conhecido como interesses materiais" em 1842-1843, quando era o editor-chefe da *Gazeta Renana*. Na verdade, as polêmicas que seriam desenvolvidas naquele jornal forçaram Marx a lidar com "problemas econômicos". Tendo refinado progressivamente sua perspectiva teórica, Marx chegou à conclusão de que:

> as relações jurídicas, bem como as formas do Estado, não podem ser explicadas por si mesmas, nem pela chamada evolução geral do espírito humano; essas relações têm, ao contrário, suas raízes nas condições materiais de existência, em suas totalidades, condições estas que Hegel, a exemplo dos ingleses e dos franceses do século XVIII, compreendia sob o nome de 'sociedade civil'.[1]

Ele também acrescentou que a análise da "sociedade civil [...] deve ser buscada na Economia Política".

---

[1] Marx, K. *Contribuição à crítica da Economia Política. op. cit.*, p. 47. (N. E)

Os estudos de Marx mais focados em Economia Política começaram em Paris em 1845 e continuaram em Bruxelas. E finalmente, mais uma vez, em suas próprias palavras, a "conclusão geral" que "guiou" seus estudos posteriores foi alcançada em 1846. Isso é o que queremos dizer ao identificar os meados da década de 1840 como o *ponto de não retorno*: a chegada de Marx a essa conclusão geral orientou seu trabalho teórico e político, bem como o de Engels, a partir desse período. Qual é essa conclusão geral? Resumindo, é a visão de que as transformações das sociedades na história só podem ser compreendidas a partir de uma perspectiva materialista.

Essas datas e conclusões que mencionei até agora foram extraídas diretamente do prefácio da *Contribuição à crítica da Economia Política*. Esse livro, publicado pela primeira vez em 1859, é geralmente considerado a primeira versão d'*O capital*, publicado em 1867. Embora Marx diga que seu interesse inicial por questões econômicas tenha começado em 1842, é mais apropriado datar sua séria dedicação às questões econômicas e à Economia Política no período entre 1844 e 1846. Nesse período, *A ideologia alemã* também foi escrita com Engels, mas não publicada quando estavam vivos. Marx também se referiu à conclusão geral que mencionei anteriormente como "nosso modo de pensar" – o modo de pensar dele e de Engels. Ele apontou que essa visão foi apresentada "pela primeira vez de maneira científica" em *A miséria da filosofia*, um livro de 1847, no qual ele criticou duramente as ideias de Proudhon. Sabemos que no final de sua estada em Paris, em fevereiro de 1845, Marx assinou um contrato com uma editora para publicar sua obra, provisoriamente intitulada *Crítica da política e da Economia Política*. Esse livro deveria ser baseado nos *Manuscritos econômico-filosóficos*, de 1844, e em seu manuscrito anterior, *Contribuição à crítica da Filosofia do Direito de Hegel*. Esse plano não se concretizou e o contrato foi cancelado porque Marx estava ocupado escrevendo outras obras e porque, novamente nas palavras do próprio Marx, o editor estava "com medo de fazer negócios com um autor de mentalidade tão revolucionária".

Os anos seguintes foram provavelmente um dos períodos de maior atividade política de Marx e Engels. A participação deles nas revoluções de 1848, envolvendo a criação da Liga Comunista em junho de 1847, o trabalho no *Manifesto comunista* em nome da Liga e finalmente a publicação da obra, em fevereiro de 1848, pouco antes da Revolução de Fevereiro na França, foram alguns dos pontos altos do período. Marx e Engels foram expulsos sucessivamente da Bélgica, Alemanha e França por causa de suas atividades políticas.

Sabemos que Marx finalmente encontrou tempo para retomar seus estudos sistemáticos sobre Economia Política em Londres na década de 1850. Lá, trabalhando no escopo e no conteúdo de seus estudos que resultariam n'*O capital*, ele utilizou muitos de seus trabalhos anteriores, incluindo, por exemplo, os *Manuscritos econômico-filosóficos*, de 1844, outro texto não publicado em vida.

Os planos para O capital

Podemos considerar que o projeto de elaboração d'*O capital* de fato começou em 1850, quando Marx se estabeleceu em Londres e se concentrou profundamente em estudar Economia Política na Biblioteca Britânica. Ou podemos pensar que começou com os *Grundrisse* em 1857-1858. Ou, então, podemos até considerar a publicação de *Contribuição à crítica da Economia Política* em 1859 como ponto de partida. Independentemente da data que escolhamos, devemos admitir que *O capital* é uma obra inacabada. E o próprio Marx só conseguiu publicar o primeiro de vários volumes projetados.

A partir da década de 1850 – se não pelos próximos 25, certamente pelos 18 anos seguintes –, tanto a forma quanto o conteúdo d'*O capital* foram continuamente revisados. Por causa dessas revisões em andamento, acho necessário refletir sobre a relação entre os planos de mudança d'*O capital* e o *conteúdo de todos os livros* que chegaram até nós graças à dedicação de Engels para concluir o projeto. Considerando a relação dos planos anteriores e o conteúdo resultante, podemos decidir quais partes da teoria econômica

30 Ahmet Tonak

de Marx estão completas e quais partes precisam avançar para que essa teoria possa ser usada para identificar os aspectos mais importantes do capitalismo contemporâneo. Mais importante, esse exercício também pode nos guiar em nossa prática política. Um dos primeiros planos mais abrangentes d'*O capital* foi elaborado em 1857, e não corresponde diretamente ao conteúdo de nenhum volume da obra. Apenas o livro I foi publicado por Marx, e Engels publicou os livros II e III dos manuscritos restantes. O que geralmente é considerado o livro IV, ou seja, *Teorias da mais-valia*, foi publicado por Kautsky após a morte de Engels.[2] De acordo com o plano inicial de Marx, *O capital* teria seis volumes. No entanto, o próprio Marx os chamou de "livros", o que é significativo para observar o conteúdo de vários volumes extraídos de vários livros – conforme planejado inicialmente, embora posteriormente alterado por diferentes razões. O conteúdo desses volumes/livros seria o seguinte:[3]

1) sobre o capital, com quatro partes: a) capital em geral; b) concorrência; c) sistema de crédito; d) capital social;
2) sobre a propriedade fundiária;
3) sobre o trabalho assalariado;
4) Estado;
5) comércio exterior;
6) mercado mundial.

---

[2] No entanto, essa versão das *Teorias da mais-valia* não estava completa. Sua versão completa em inglês foi posteriormente publicada nos volumes 30 a 34 de *Marx Engels Collected Works*. As *Teorias da mais-valia* constituem a maior parte dos manuscritos de Marx de 1861-1863. Esse trabalho foi descrito por Engels como uma história crítica detalhada da essência da Economia Política. O manuscrito também desenvolve a teoria do trabalho produtivo e improdutivo, da submissão formal e real do trabalho ao capital, e aborda muitas questões da teoria das crises que Marx não discutiu especificamente em outras obras (*Collected Works*, v. 30, 2010, p. x).

[3] Rosdolsky, R. *The Making of Marx's Capital*. Londres: Pluto Press, 1977, p. 56 [Há edição brasileira: Rosdolsky, R. *Gênese e estrutura do capital*. Rio de Janeiro: Contraponto, 2007].

Quando comparamos esse plano de seis volumes com o conteúdo dos três existentes d'*O capital*, podemos ver quanto desse projeto foi concluído por Marx. Como uma das maiores autoridades na estrutura da obra, Roman Rosdolsky aponta que o conteúdo do primeiro volume original, *Sobre o capital*, está, por fim, distribuído por todos os três existentes. A propriedade fundiária é discutida no livro III, o trabalho assalariado, no livro I, e o mercado mundial e as crises são apenas parcialmente discutidos no livro III. Os volumes sobre o Estado e o comércio exterior, exceto por algumas observações dispersas nos textos, não foram escritos. Rosdolsky também admite ser possível "concluir [...] que os últimos três *livros* dos seis originalmente planejados nunca foram definitivamente 'abandonados' por Marx, mas sim destinados à 'continuação eventual da obra'".[4]

O livro de Rosdolsky, *Gênese e estrutura do capital*, afirma que nos dez anos entre setembro de 1857 e abril de 1868 (isto é, mesmo depois que o primeiro volume d'*O capital* foi publicado!), Marx fez 14 planos diferentes. Por exemplo, em uma carta que Marx escreveu a Kugelmann em 13 de outubro de 1866, ele mencionou o plano de três volumes/quatro livros.[5] De acordo com esse plano, o *Livro I: o processo de produção do capital* e o *Livro II: o processo de circulação do capital* estariam incluídos no livro I d'*O capital*. E o *Livro III: estrutura do processo global* e o *Livro IV: sobre a história da teoria* (TMV) iriam constituir, respectivamente, os livros II e III d'*O capital*.[6]

Observe que o plano de três volumes de 1866 foi elaborado nove anos após o plano inicial, de 1857, mas antes da publicação do livro I d'*O capital* e, mais importante, era *diferente* do conteúdo dos livros II e III publicados por Engels após a morte

---

[4]   *Id., ibid.*, p. 53.
[5]   Curiosamente, Rosdolsky pulou o quarto livro do seu plano alterado (p. 56).
[6]   *Collected Works*, v. 42, p. 328. [cf. Marx, K.-Engels, F. *Cartas sobre o capital*. São Paulo: Expressão Popular, 2020, p. 192]

32   Ahmet Tonak

de Marx. Pelo acordo de Marx com a editora que imprimiu o livro I em 1867, esse plano de 1866 *também mudou*: decidiu-se publicar o segundo e terceiro livros como o segundo volume. Assim, o que foi publicado em setembro de 1867 consistia apenas no primeiro *livro* por causa dessa mudança de "última hora" com base no novo acordo com a editora. Em outra carta a Kugelmann após a publicação d'*O capital* (Londres, 11 de julho de 1868), Marx disse que "o *terceiro* volume conterá um capítulo separado e detalhado sobre os cavalheiros da 'economia vulgar'".

O terceiro *volume* ao qual Marx se referia aqui é, naturalmente, o quarto *livro*, *Sobre a história da teoria*, e que muito mais tarde foi parcialmente publicado como *Teorias da mais-valia* por Kautsky e mais tarde pelos editores dos *Marx Engels Collected Works* nos volumes 30-34 em inglês.[7]

Assim, a conclusão tirada dessas mudanças e das cartas seria esta: antes de publicar o livro I d'*O capital*, Marx considerou acrescentar o *Livro II: o processo de circulação do capital* no livro I. Porém, mais uma vez, ele mudou de opinião devido ao acordo com a editora após a publicação do livro I. Ele concordou em publicar o segundo e terceiro livros juntos, como sendo o *livro II*. E o chamado quarto *livro*, *Sobre a história da teoria* (TMV), comporia o livro III. Curiosamente, esse plano também não se concretizou: o próprio Engels fez a mudança final após a morte de Marx e publicou o segundo e terceiro *livros* como os atuais segundo e terceiro *volumes* d'*O capital*. Portanto, seria legítimo dizer que, se incluirmos as mudanças feitas por Marx (e Engels e o editor d'*O capital*) quanto à distribuição dos *livros*/materiais em diferentes volumes, há mais planos do que os 14 aos quais se referiu Rosdolsky. O gráfico no Apêndice deste capítulo indica as mudanças de distribuição dos *livros* entre os diferentes *volumes*.

---

[7]   Baseado em *Marx-Engels Gesamtausgabe* [MEGA]. Segunda seção, v. 3, partes 1-6. Berlim, 1976-1982.

O método e a dialética d'*O capital*[8]

Ao contrário do que diz a crença popular, Marx não disse que o *método de investigação* que usou n'*O capital* era totalmente novo. Em vez disso, ele afirmou claramente o seguinte: "O método de análise usado [n'*O capital* é] um método não aplicado anteriormente a *assuntos econômicos*". Além disso, para esclarecer ainda mais, ele apontou que "na análise das formas econômicas [...] nem os microscópios nem os reagentes químicos são úteis. A força da abstração deve substituir ambas". Assim, podemos dizer que o método de análise utilizado n'*O capital* é o método da *abstração*. Além disso, Marx nos lembrou que *não um, mas dois métodos* foram usados na obra, e eles eram independentes um do outro. Sobre esse assunto, no prefácio à segunda edição alemã do primeiro volume d'*O capital*, ele escreveu:

> É, sem dúvida, necessário distinguir o método de exposição formalmente do método de pesquisa. A pesquisa tem de captar detalhadamente a matéria, analisar as suas várias formas de evolução e rastrear sua conexão íntima. Só depois de concluído esse trabalho é que se pode expor adequadamente o movimento real. Caso se consiga isso, e espelhada idealmente agora a vida da matéria, talvez possa parecer que se esteja tratando de uma construção *a priori*.[9]

No prefácio, Marx também comentou um artigo em russo sobre o método d'*O capital*. O autor do texto identificou o *método de pesquisa* como "severamente realista" e o *método de exposição* como refletindo a "dialética alemã". Marx criticou essa visão em dois aspectos: primeiro, em termos de seu apego ao "método dialético hegeliano", isto é, à dialética alemã; depois seu uso do método dialético exclusivamente como *método de exposição*. Quanto à sua relação com a dialética hegeliana, Marx foi muito claro: "Meu método dialético não é ape-

---

[8] Na discussão que se segue sobre o método de Marx n'*O capital*, especialmente a dialética empregada por Marx, eu me baseio amplamente no ensaio de Sungur Savran chamado "Das Kapital: the Book of Communism", *Revolutionary Marxism*, 2018.

[9] Marx, K. *O capital*. l. I, t. I, *op. cit.*, p. 140. (N. E.)

34 Ahmet Tonak

nas diferente do hegeliano, mas é seu oposto direto". E continuou dizendo o seguinte: "O lado mistificador da dialética hegeliana foi criticado por mim aproximadamente 30 anos atrás. [...] Eu [...], aqui e ali, no capítulo da teoria do valor, flertei com os modos de expressão peculiares a ele". Marx considerava que a dialética de Hegel estava de cabeça para baixo. Ela deve ser virada de cabeça para cima novamente para que se descubra o núcleo racional dentro da casca mística.

> Em sua configuração racional, é um incômodo e um horror para a burguesia e para os seus porta-vozes doutrinários, porque, no entendimento positivo do existente, ela inclui ao mesmo tempo o entendimento da sua negação, da sua desaparição inevitável; porque apreende cada forma existente no fluxo do movimento, portanto também com seu lado transitório; porque não se deixa impressionar por nada e é, em sua essência, crítica e revolucionária.[10]

O que acabo de citar mostra tanto o caráter materialista da dialética de Marx quanto como ela se diferencia da dialética hegeliana. Além disso, a citação traz a resposta de Marx ao autor russo, que afirmou que Marx usou a dialética hegeliana exclusivamente como *método de exposição*. O próprio Marx admitiu o fato de que "no capítulo sobre a teoria do valor [ele flertou] com os modos de expressão peculiares a [Hegel]". Assim, ele pensou que o autor russo estava parcialmente correto: o *método de exposição*, especialmente nas primeiras partes d'*O capital*, é *dialético*. No entanto, mais importante, Marx também declarou que adotou uma visão completamente dialética quando utilizou a abstração como seu *método de pesquisa*: porque assim que compreendemos e afirmativamente reconhecemos "o entendimento positivo do existente, ela inclui ao mesmo tempo o entendimento da sua negação, da sua desaparição inevitável". Portanto, defendemos que a dialética permeia tanto o *método de pesquisa* quanto o *método de exposição* ao longo d'*O capital*. De certa forma, a obra é dialética de cima para baixo.

---

[10] *Id.*, *ibid.*, p. 141. (N. E.)

Nós podemos observar como a dialética de Marx se manifesta no capítulo inicial d'*O capital*, tanto na *análise* como na *exposição* dos resultados dessa investigação.

Método em ação

De fato, as duas primeiras frases d'*O capital* são exemplos desse uso da dialética:

> A riqueza das sociedades em que domina o modo de produção capitalista aparece como uma 'imensa coleção de mercadorias' e a mercadoria individual como sua forma elementar. Nossa investigação começa, portanto, com a análise da mercadoria.[11]

A primeira transmite o resultado de uma investigação que utilizou a *abstração* como *método de pesquisa*. O objeto dessa investigação foi o próprio *capitalismo*. Uma observação inicial do capitalismo como "uma imensa coleção de mercadorias" identifica o próprio objeto de análise como o *capitalismo em movimento*; o capitalismo está literalmente ocupado acumulando mercadorias. O que se observa como *riqueza*, portanto, é a manifestação dessa acumulação que *se dá no tempo*. O próximo passo é ir além dessa observação, abstraindo vários aspectos da riqueza para que sua *representação ideal*, "sua unidade" como "uma única mercadoria", possa ser descoberta. Somente após essa descoberta os resultados da investigação podem ser apresentados. A segunda frase expressa explicitamente o primeiro passo da exposição de Marx, "a análise de uma mercadoria".

O que acontece depois do primeiro passo?

Passamos da categoria *abstrata* de mercadoria, deduzida por abstração da riqueza *concreta* diretamente observável para o aspecto *dual* da mercadoria: *valor de uso* e *valor de troca*. A identificação desses dois aspectos de uma mercadoria torna-se um dispositivo crítico de apresentação que Marx adota ao longo d'*O capital*.

---

[11] *Id., ibid.,* p. 154. (N. E.)

Primeiro, passando do *universal* (ou geral) para o *historicamente específico*. Como no caso do *valor de uso em si mesmo* como universal e aplicável a todas as sociedades e do *valor de uso com valor de troca* como único ao capitalismo.

Em segundo lugar, chega-se a uma nova noção como resolução da própria dualidade inicial. Como no caso de uma mercadoria produzida de forma capitalista com seus aspectos de valor de uso e valor de troca nos leva à noção de *valor*.

Como Marx apontou, a ênfase na natureza dupla das "coisas" não deve ser vista apenas como um dispositivo *de exposição*. Sua perspectiva dialética o levou a descobrir, em sua *pesquisa*, por exemplo, a dupla natureza do trabalho: trabalho concreto (relacionado ao *valor de uso*) e trabalho abstrato (relacionado ao valor de troca e depois ao valor). Vejamos como Marx explicou esse processo:

> A mercadoria apareceu-nos, inicialmente, como algo dúplice, valor de uso e valor de troca. Depois mostrou-se que também o trabalho, à medida que é expresso no valor, já não possui as mesmas características que lhe advêm como produtor de valores de uso. Essa natureza dupla da mercadoria foi criticamente demonstrada pela primeira vez por mim.[12]

Portanto, devemos ser claros sobre isso: *O capital* deve ser lido e entendido como uma análise do capitalismo a partir da relação dialética do universal e do específico. Marx introduz constantemente vários conceitos aplicáveis a todas as sociedades no *nível universal* e depois passa para as categorias *específicas* do capitalismo. Vemos isso repetidamente quando passamos do produto à mercadoria, do valor de uso ao valor de troca, do trabalho concreto ao abstrato, do processo de trabalho ao processo de valorização etc.

---

[12] *Id., ibid.*, p. 160. (N. E.)

O interesse de Marx em Economia Política 37

Apêndice: A modificação dos planos d'O capital*

A. ESTRUTURA ORIGINAL (6 livros) Setembro de 1857	B. O PLANO MODIFICADO D'O CAPITAL (3 volumes; 6 livros) Outubro de 1866	C. O PLANO MODIFICADO D'O CAPITAL (3 volmes: 7 livros) Outubro 1866

I. SOBRE O CAPITAL
a) Capital em geral
  1) Processo de produção
  2) Processo de circulação
  3) Lucro e Juros
b) Concorrência
c) Sistema de crédito
d) Capital acionista
 	
II. SOBRE A PROPRIEDADE DA TERRA
 	
III. SOBRE O TRABALHO ASSALARIADO
	I. Processo de produção de capital (seções) ⎫
	  1) Mercadoria e dinheiro ⎪
	  2) Transformação de dinheiro em capital ⎬ Volume I
	  3-5) Mais-valia absoluta e relativa ⎪
	  6) Salários ⎪
	  7) Processo de acumulação ⎭
	
	II. Processo de circulação de capital ⎬ Volume II
	
	III. Processo total de produção capitalista ⎫
	  1-3) Lucro e taxa de lucro ⎪
	  4) Capital comercial ⎬ Volume III
	  5) Juros e crédito ⎪
	  6) Renda da terra ⎪
	  7) Receitas ⎭
		I. Processo de produção do capital ⎬ Volume I
		
		II. Processo de circulação do capital ⎬ Volume II
		
		III. Processo total da produção capitalista ⎬ Volume III
		
		IV. Sobre a história da teoria ⎬ Volume III

IV. ESTADO V. COMÉRCIO EXTERIOR VI. MERCADO MUNDIAL	IV. ESTADO V. COMÉRCIO EXTERIOR VI. MERCADO MUNDIAL	IV. ESTADO V. COMÉRCIO EXTERIOR VI. MERCADO MUNDIAL

*De acordo com Rosdolsky, a linha contínua indica as modificações nos três primeiros livros, enquanto a linha pontilhada mostra as modificações no livro Capital. Os planos A e B são de Rosdolsky (p. 46) e os outros são meus.

D. O PLANO MODIFICADO D'O CAPITAL (4 volumes; 7 livros) Setembro de 1885	E. O PLANO MODIFICADO D'O CAPITAL (4 volumes; 7 livros) Maio de 1885
I. Processo de produção do capital ⎬ Volume I II. Processo de circulação do capital ⎬ Volume II III. Processo total de produção capitalista ⎬ Volume III IV. Sobre a história da teoria ⎬ Volume III	I. Processo de produção do capital ⎬ Volume I II. Processo de circulação do capital ⎬ Volume II III. Processo total de produção capitalista ⎬ Volume III IV. Sobre a história da teoria ⎬ Volume IV
V. ESTADO VI. COMÉRCIO EXTERIOR VII. MERCADO MUNDIAL	V. ESTADO VI. COMÉRCIO EXTERIOR VII. MERCADO MUNDIAL

A mercadoria e o processo de troca

Olivia Carolino

Até aqui você já compreendeu por que estudar Marx (1818-1883). Esse autor entende a sociedade em que vivemos como uma forma de organização social histórica e transitória. Trata-se de uma atitude científica, um método de compreender o processo histórico movido por contradições.

Neste capítulo vamos estudar uma aplicação do método para compreender as contradições que movem a forma *valor* da mercadoria, partindo da troca simples até chegar ao dinheiro mundial.

Ao revelar as *Leis de funcionamento do capitalismo*, Marx chegou ao entendimento de que esse é um modo de produção que se move por crises. E, se estamos vivendo um momento de crise, um mundo violento e adoecido, nos interessa um método de interpretação da realidade que considera que tudo é provisório, tudo está em movimento, nada é eterno: só o movimento!

Vamos entrar no livro I d'*O capital*, que trata do processo de produção do capital e foi publicado em 1867, no qual Marx nos pega pela mão e nos conduz ao processo de produção do capital.

Como você explicaria a produção de riqueza na sociedade em que vive?

Marx não começa a explicação da sociedade capitalista pela desigualdade, pelo dinheiro, pelas finanças ou pelas injustiças do mundo. Ele começa afirmando que: "A riqueza nas sociedades em que domina o modo de produção capitalista aparece como uma imensa coleção de mercadorias, e a mercadoria individual, como sua forma elementar".[1]

A mercadoria

A mercadoria é ponto de partida teórico de Karl Marx
A teoria do valor trabalho não é uma descoberta dele, ele retoma as posições da Economia Política para fazer a crítica da Economia Política. A economia clássica inglesa tem como ponto de partida efetivo as representações caóticas tal como se apresentam na economia, na sociedade, a ideia de população, produto, comércio e, a partir daí, recua às determinações mais abstratas da teoria do valor. Marx parte do chamado *imediato lógico,* das determinações mais concretas. Para ele o concreto é a síntese de múltiplas determinações. O método dialético é a maneira de elevar o concreto à abstração relacionando a parte com o todo, aparência e essência. Assim, o mais simples pressupõe o mais complexo, por isso o ponto de partida e o ponto de desconstrução de Marx é a mercadoria.

O que é uma mercadoria?
Uma mercadoria é o produto do trabalho humano, sua origem está relacionada à apropriação privada de objetos úteis obtidos na natureza, atribuindo a eles uma *qualidade social* para além de suas qualidades naturais. Essa qualidade social determina a *permutabilidade do objeto.*
A mercadoria nasce da contradição que faz com que ela seja produzida: os seres humanos por meio de sua ação consciente, ou seja, o trabalho, se apropriam da natureza e a transformam em objetos úteis para satisfazer suas necessidades. "Se elas se originam do estômago ou da fantasia não altera nada na coisa".[2]

---

[1]   Marx, K. *O capital*: crítica da Economia Política. l. I, t. I , *op. cit.,* p. 154. (N. E.)
[2]   *Id., Ibid.* (N. E.)

Essa qualidade social do objeto só se manifesta concretizada em mercadorias. O valor em Marx é entendido como uma relação social mediada por mercadorias, que são concretizações de trabalho social materializável em objetos, ou seja, trabalho alheio favorável ao *outro*, não a quem produziu.

A mercadoria é uma unidade dialética

A mercadoria é valor de uso e valor, e ela não pode ser ao mesmo tempo valor de uso e valor.

O valor de uso pode ser entendido, numa primeira aproximação, como a capacidade que o objeto, produzido pelo *trabalho concreto de transformação da natureza pelo ser humano,* tem de satisfazer as necessidades humanas por meio de suas características materiais. Já o valor é uma relação social que se expressa na polarização da troca. E, por sua vez, é produzido pelas determinações do *trabalho abstrato.*

Quando o produtor direto leva a mercadoria ao mercado ele nega o *valor de uso desta*, para imediatamente assumir o *valor* e, com isso, trocá-la por outra mercadoria que ele não produz. Nesse momento da troca, a mercadoria não contém um átomo de valor de uso. Ao contrário, se ele assume o *valor de uso* da mercadoria para consumo, ela nega imediatamente seu *valor,* sua capacidade de permuta.

Dentre as contradições nascidas nesse ato da troca, destacamos que o objeto nega seu uso para consumo e passa a priorizar o seu uso para troca, ou seja, sobressai a dimensão abstrata do trabalho.

A evolução histórica desse processo vai impulsionar a chamada *divisão social do trabalho.*

Eis aqui por que a mercadoria é a forma mais elementar: na troca simples, no escambo entre produtores diretos, já está presente o embrião da produção de riqueza no capitalismo: a negação dos valores de uso (das necessidades humanas concretas) para a realização do valor na sua dimensão abstrata.

E o que é o capitalismo se não essa relação contraditória de uma imensa produção de valor abstrato (hoje expresso no sistema financeiro), convivendo com a imensa miséria e fome, ou seja, negação das necessidades humanas mais básicas?

A polarização da troca simples M-M
Vamos observar agora esse método de análise na polarização da troca simples. Nela não existe dinheiro, mas estão contidos nesse acontecimento todos os elementos que darão origem a ele. Vamos considerar uma troca acidental isolada: *x quantidade de uma mercadoria A sendo trocada por y quantidade de uma mercadoria B.*

$$xA - yB$$

O ponto de partida da troca simples pode ser representado por esse esquema simplificado, sendo que *xA* representa *a forma valor relativa e yB a forma valor equivalente.*

xA		yB
Forma	–	Forma
valor		valor
relativo		equivalente

O segredo da polarização está na cisão da relação de produção humana com os objetos úteis, ou seja, na separação do valor de uso do valor.

A polarização decorre de papéis sociais opostos de toda mercadoria posta à venda (*o lado da oferta*) que assume a forma relativa a um meio de troca aceito pelo vendedor (*que corresponde à demanda*).

xA		yB
Forma	–	Forma
valor		valor
relativo		equivalente
Oferta		Demanda

A condição para que a troca simples ocorra é a mercadoria A e a mercadoria B possuírem valores de uso diferentes.

Nos termos de Marx:

O produtor de A produziu o que é para ele um não valor. Ele apresenta sua mercadoria como um valor *relativo* àquilo que deseja obter em troca, no caso, a mercadoria B.

Portanto, a mercadoria A está *positivamente polarizada*; e contraposta à mercadoria B, que está automaticamente colocada no papel passivo de expressar o valor de A, logo, *negativamente polarizada*.

xA	–	yB
Forma		Forma
valor		valor
relativo		equivalente
Oferta		Demanda
Positivamente		Negativamente
polarizada		polarizada

Quando a troca se realiza, só um dos termos (A) expressa seu valor.

A utilidade de B é justamente representar o valor de A.

Marx se refere a esse fenômeno como *"autonomização" do valor da mercadoria* A em relação a seu corpo físico, indo colar-se no corpo físico da mercadoria B.

Ou seja, o valor de A fica objetivado, se concretiza, em B.

Agora, quanto de A eu troco por quanto de B?

Uma coisa é entender o que é o valor, e outra é como medir a grandeza do valor?

O valor é medido por *quantidade de trabalho,* pelo tempo de trabalho socialmente necessário para produzir uma mercadoria considerando determinado estágio de desenvolvimento das forças produtivas.

O termo "equivalente" implica a quantificação de valor. Para entender x e y é necessário compreender que o resultado quantitativo da troca é o equilíbrio do tempo socialmente necessário para a produção da mercadoria A e a produção de B.

Dessa forma, o tempo de trabalho contido em B se refere ao valor de A, e o tempo de trabalho contido em A é perdido. Ou seja, o valor relativo de xA está quantificado em y unidades de B.

Mais precisamente, o tempo de trabalho concreto socialmente válido na produção de xA está quantificado como tempo de trabalho abstrato pelos yB recebidos em troca.

Nesse embrião da troca simples, a evolução de B transformará a forma equivalente em equivalente geral e posteriormente em dinheiro.

Esse papel passivo da forma valor equivalente tornará possível, num universo em que o valor das mercadorias é relativo ao dinheiro, que este seja representante universal da riqueza, podendo ser expresso por meros símbolos, como uma nota, uma operação no cartão de crédito ou uma liquidação virtual.

Fetiche da mercadoria

Na troca simples, quem reconhece valores de uso diferentes e valor equivalente são as mercadorias.

Quem as produziu desaparece por trás das mercadorias porque a *substância* do valor, que é o trabalho, está submetida a essa *forma* mercadoria.

As necessidades humanas não são mais do que meios para que as mercadorias circulem.

A coisa ganha alma e o ser animado se transforma em coisa.

A isso chamamos de relações fetichizadas ou reificadas.

A especificidade do processo capitalista opera no âmbito da *forma*, o conteúdo da riqueza é sempre o mesmo: o trabalho.

Essa inversão de forma e conteúdo – que já está na polarização da troca simples – é o desafio de explicar a produção de riqueza no capitalismo.

Nos esboços de Marx, nos *Grundrisse,* a crítica à Economia Política começa pelo dinheiro, e quando Marx elabora seu estudo, se dá conta que deve começar o livro *O capital* pela *mercadoria*.

Se Marx começasse a análise pelo dinheiro, não explicaria como coisas diferentes se igualam.

A gente "olha e vê" – *à primeira vista* – que o dinheiro iguala coisas diferentes, mas no capítulo 1 o objetivo de Marx é mostrar cientificamente como as coisas se trocam, como coisas diferentes se igualam.

"*À primeira vista*" revela a aproximação crítica com Hegel. Marx criticou Hegel durante a juventude pela mistificação da dialética, para mais tarde – por meio da dialética como pressuposição lógica, ou seja, o método de exposição d'*O capital*, junto à pressuposição histórica (que é o processo de formação e desenvolvimento do capitalismo) – retomar a categoria "mistificação" para mostrar essa inversão de forma e conteúdo na sociedade capitalista.

A forma fantasmagórica, que Marx chama de fetiche da mercadoria, refere-se a um deslocamento dos sujeitos: o capital torna-se o sujeito da produção de riqueza no capitalismo e o protagonista desse livro! E os seres humanos não estão postos no movimento de valorização!

O capital, como um sujeito lógico, estabelece uma relação tautológica com ele mesmo: é um valor que se valoriza com um impulso infinito e desmedido.

O caráter fetichista do mundo das mercadorias provém do caráter social peculiar do trabalho. Exatamente porque – ao fim e ao cabo – o mistério é que o trabalho concretizado na mercadoria é um trabalho alienado, no sentido de que ele não é favorável a quem produz, mas é favorável a outro.

O estranhamento dos produtores diretos com relação ao produto do seu trabalho fundamenta a fantasmagoria, que encontra na forma dinheiro sua forma mais acabada.

Portanto, se você depois de adulto acha que fantasmas não existem, volte a acreditar neles: eles existem e, sem que você saiba, te fazem escravo do dinheiro.

Da troca simples ao dinheiro mundial

Equivalente geral e dinheiro

A forma dinheiro é a forma mais acabada do mundo das mercadorias que objetivamente oculta, em vez de revelar, o caráter social dos trabalhos privados.

Se na primeira parte nos dedicamos à mercadoria, na segunda vamos fazer um exercício para compreender as contradições que movem o valor da troca simples ao dinheiro mundial.

"As mercadorias não podem por si mesmas ir ao mercado e se trocar. Devemos, portanto, voltar a vista para seus guardiões, os possuidores de mercadorias".

É assim que no capítulo 2, *"O Processo de Troca"*, Marx nos convida a *olhar e ver* a fronteira da troca das mercadorias, onde seus possuidores terminam suas análises.

Como é totalmente ao acaso que o escambo ocorre, o desenvolvimento das trocas leva ao surgimento do chamado equivalente geral.

O equivalente geral é uma mercadoria que todos têm, e todos estão dispostos a aceitá-la.

Por essa característica, ele é selecionado para representar a demanda de todas as outras mercadorias e facilitar a troca, assumindo as funções sociais de *medida de valor* e *meio de circulação*.

Nos marcos históricos da expansão do comércio de longa distância, a circulação reuniu três agentes: além dos produtores diretos, aparece a figura do mercador, que é o profissional da circulação das mercadorias.

A corporificação do valor circulante pelos mercadores faz do dinheiro uma forma autônoma do valor.

O equivalente geral dos mercadores, o dinheiro, é uma mercadoria peculiar que nem todos possuem, mas que todos estão dispostos a aceitá-la.

Os metais preciosos se mostraram o meio de troca mais adequado no comércio de longa distância para assumir as funções de *medida de valor, meio de circulação* e *reserva de valor*.

A partir da circulação D-M-D existe a capacidade de gerar excedente. À apropriação do excedente pelos detentores de D chamamos de processo de acumulação.

O interesse em acumular gera uma distorção na circulação, o chamado entesouramento.

Entesourando, o mercador ganha maior poder de apropriação do excedente, o que gera forças contrárias ao equilíbrio da troca de equivalente.

Aqui estamos diante de uma outra racionalidade, a do capital mercantil, que tem uma necessidade infinita de se expandir que não é limitada pelas necessidades humanas a satisfazer.

Na racionalidade do capital, a dimensão abstrata da mercadoria vence a batalha sobre as necessidades concretas dos seres humanos, ou seja, é a negação do valor de uso para a realização do valor.

Moeda e dinheiro mundial

Historicamente, é a expansão das trocas que leva a sociedade a aceitar, sem pesar, as peças de metal que tendem a circular como nomes de valor.

O Estado, que tradicionalmente se arroga o poder de juiz sobre pesos e medidas, assume o direito de definir, cunhar e colocar suas marcas sobre peças padronizadas de metal precioso, dando origem à moeda.

Firma-se o preceito de que cabe exclusivamente ao Estado o chamado poder de senhoriagem.

A afirmação do monopólio de Estado na cunhagem de moeda gera desdobramentos políticos nas relações de valor.

A confiança no Estado passa a ser um componente da aceitação da moeda pelo povo.

E o capital privado tem a necessidade da existência desse poder estatal, à medida que, além de garantir a extração do excedente social, o Estado adquire um poder de intervenção na vida econômica, que é particularmente efetivo nas relações entre credores e devedores.

Uma importante distinção elaborada por Marx é a abordagem de moeda criada diretamente nas relações de troca e moeda no sentido de moeda de crédito, criada pela relação credor↔devedor. Assim como a invenção da moeda pelo povo foi seguida pela invenção do poder de *seigneuriage* do Estado, a emissão de moeda fiduciária por bancos privados para desconto de títulos é seguida pela emissão de moeda de crédito oficial pelo Estado.

O Estado acrescenta o poder estatal à força expansiva do capital, o que dá à moeda de crédito, por meio da expansão da dívida estatal, uma capacidade de expansão ampliada na transferência de riqueza da sociedade para o capital.

Isso vai significar a abertura de possibilidades infinitas de expansão do capital com base em moeda de crédito.

Eis o porquê do embrião da negação dos valores de uso – das necessidades humanas, para a realização do valor – na sua dimensão mais abstrata, que está presente lá na mercadoria (desde a polarização da troca simples) – e que encontra no dinheiro mundial e no crédito sua vocação de expansão infinita.

O outro lado da moeda

Finalizamos nosso estudo nesse capítulo com a reflexão sobre o outro lado da moeda.

Podemos dizer que o Estado-nação é condição para a reprodução capitalista, à medida que a relação social jurídica de propriedade entre quem comanda trabalho e quem não comanda trabalho depende do direito de propriedade legitimado pelo Estado. E além disso, do ponto de vista do capital, cresce a importância dos direitos de propriedade fundados sobre a moeda e o crédito.

Ao mesmo tempo em que o Estado-nação é condição, ele é também limite à reprodução capitalista, à medida que só como dinheiro mundial o capital encontra a forma adequada à vocação de representante universal da riqueza. Ou seja, em sua forma mais abstrata, com vínculo tênue ou inexistente com o processo produtivo e livre dos limites da forma de moeda emitida pelo poder de senhoriagem dos Estados-nação.

Na modernidade, a forma histórica de nação é condição e limite da valorização do capital. O outro lado da moeda é a gente se indagar sobre a forma histórica de nação como condição e limite ao movimento e aos processos de luta da classe trabalhadora.

O capitalismo sempre foi um modo de produção mundial, de valorização em escala internacional, universal, mas se desenvolve em formações socioeconômicas com contradições específicas. Isso ocorre, por exemplo, quando olhamos para as contradições do desenvolvimento capitalista no Sul Global para além da impossibilidade dos nossos países em ter moeda exercendo aquelas três funções (de meio de circulação, unidade de medida e reserva de valor), o que leva à condição de economias dependentes. Dependentes inclusive do dólar, exercendo o papel de moeda mundial emitida pelo país hegemônico. Essa é uma das dimensões do imperialismo que aprofunda a desigualdade entre o Norte e o Sul, entre ricos e pobres, e entre as classes que trabalham e as que se beneficiam. Para mais detalhes sobre o assunto, ver o dossiê: *A geopolítica da desigualdade: ideias para um debate sobre um mundo mais justo*.[3]

A impossibilidade de exercer soberania por meio das suas moedas é uma das dimensões das tarefas pendentes a serem realizadas na construção nacional.

A soberania, a democracia e a universalização dos direitos nos nossos países são de caráter necessariamente popular.

Está posto ao pensamento crítico marxista combinar o tema das tarefas pendentes de serem realizadas na construção nacional com o internacionalismo e o anti-imperialismo. Combinar a libertação nacional com a entrada do povo como protagonista na história da construção nacional, com o internacionalismo

---

[3] Disponível em: https://thetricontinental.org/pt-pt/dossie-57-geopolitica-da--inequalidade/

proletário e o anti-imperialismo é uma dimensão fundamental da luta emancipatória dos nossos povos no Sul Global. Por isso, estudar *O capital* como método de análise da realidade e uma teoria científica da produção de riqueza é um convite a esse embate.

Dinheiro-capital-força de trabalho

Chris Caruso

A segunda seção do livro I d'*O capital,* de Marx, "A transformação do dinheiro em capital", inclui os capítulos 4, 5 e 6.[1] O capítulo "A fórmula geral do capital" nos ajuda a entender as condições por meio das quais o dinheiro se torna capital. Mas primeiro devemos aprender a fórmula da circulação de mercadorias, M-D-M, antes de podermos entender a fórmula do capital, D-M-D.

A fórmula para a circulação de mercadorias é M-D-M e opera da seguinte forma: uma mercadoria é transformada em dinheiro, que é então transformada em outra mercadoria. M-D-M é o ciclo pelo qual as mercadorias circulam na economia.

Imagine que sou um sapateiro e produzo a mercadoria "sapatos". Levo esses sapatos ao mercado e os vendo por dinheiro. Essa é a primeira transformação: M em D. Então pego esse dinheiro,

---

[1] Nas edições em português, o trecho referido é usualmente classificado como Seção 2 ("A transformação do dinheiro em capital"), não dividido em capítulos. Ela é composta por um único capítulo, o de número 4, com o mesmo nome da seção. O capítulo, por sua vez, é dividido em três partes: 1) A fórmula geral do capital; 2) Contradições da fórmula geral; e 3) A compra e a venda de força de trabalho. Essas três partes equivalem aos três capítulos referidos no texto. (N. T.)

trago de volta ao mercado e compro as mercadorias de que preciso para viver. Eu compro comida, roupas, moradia, educação, cuidados infantis ou outras coisas essenciais. Essa é a segunda transformação: D para M. Marx chama esse ciclo M-D-M de "vender para comprar" e o contrasta com a fórmula geral do capital, que é D-M-D.

Com D-M-D, o capitalista começa com dinheiro e o usa para comprar certas mercadorias. Estas são colocadas em um processo de produção e usadas para produzir novas mercadorias, que são então vendidas por dinheiro. É o inverso da fórmula da circulação das mercadorias. Em outras palavras, é "comprar para vender". Marx chama o primeiro passo, de D para M, de adiantamento do capital, e o segundo passo, M para D, de realização do capital. Observe que há dinheiro em ambos os lados da fórmula geral do capital. Do ponto de vista do capitalista, não faria sentido colocar dinheiro em circulação apenas para que a mesma quantia voltasse no final. Portanto, outra forma de escrever essa fórmula é D-M-D', onde D' (D linha) é maior que D. Ao comprar para vender – o que hoje chamamos de "investir" –, o capitalista espera poder transformar seu dinheiro em mais dinheiro.

Marx aponta diferenças entre essas duas fórmulas. M-D-M começa e termina com uma mercadoria, mas elas são diferentes em espécie, qualidade ou valor de uso. A primeira mercadoria que temos para vender é diferente da mercadoria que precisamos comprar. Não tem valor de uso para seu proprietário original e é apenas um meio de obter outros valores de uso de que o proprietário precisa.

O objetivo desse circuito, dessa troca, é o consumo. Marx escreve: "O consumo, a satisfação das necessidades, em uma palavra, o valor de uso é, por conseguinte, seu objetivo final".[2] Portanto, nesse processo, a qualidade de uma mercadoria é transformada

---

[2]   Marx, K. *O capital*: crítica da Economia Política. l. I, t. I , *op. cit.*, p. 257. (N. E.)

em outras mercadorias e consumida. Consumimos a comida que compramos, as roupas que vestimos, o combustível que queimamos. E depois de consumirmos nossas novas mercadorias, não temos mais nada. Temos que voltar ao começo para conseguir as coisas que precisamos para viver, presos neste ciclo de M-D-M, uma e outra vez, para sempre.

Enquanto o início e o fim do ciclo da mercadoria são uma mercadoria, o ciclo do capital começa com o dinheiro e termina com o dinheiro. Não se trata de uma mudança qualitativa nos valores de uso, mas de uma mudança quantitativa no valor de troca. No contexto da Economia Política clássica, Marx introduz aqui um conceito inovador. Quando se subtrai D de D', o resultado é um excesso sobre o valor original adiantado, que Marx define como mais-valia. Mais-valia é um termo-chave dentro da Economia Política de Marx, que inclui nossa compreensão moderna do lucro (inclui mais do que isso, mas abordaremos posteriormente esse "mais"). Reiterando, o ciclo D-M-D' seria absurdo para o capitalista se começasse e terminasse com a mesma quantia de dinheiro. Se fosse esse o caso, seria melhor, do ponto de vista deles, apenas angariar o dinheiro e mantê-lo guardado em um cofre. Mas a acumulação de capital é diferente de simplesmente angariar, porque exige que o capitalista entre no processo de produção para ganhar mais dinheiro.

Uma conclusão desse argumento é que nem todo dinheiro é capital, mas o dinheiro usado de uma certa maneira é capital. Isso se relaciona ao uso de Marx de definições relacionais, que são relações dinâmicas em vez de conceitos estáticos. Uma diferença na comparação dos dois ciclos é que, ao final do ciclo M-D-M, a meta está fora da circulação. O objetivo desse ciclo é obter novos valores de uso que consumimos para satisfazer nossas necessidades ou desejos. Eles são usados e não entram novamente no processo de circulação.

Mas no ciclo D-M-D' a circulação do dinheiro como capital é um fim em si mesmo. Marx chama isso de valorização do valor ou produção de mais-valia. E isso só acontece dentro do movimento constantemente renovado do capital. Para o capitalista, esse movimento é, portanto, ilimitado, ao contrário do M-D-M, que cessa quando recebemos os valores de uso essenciais ou mercadorias de que precisamos para viver nossas vidas. Se medirmos a acumulação em termos de dinheiro, realmente não há limites. Esta é uma das características únicas do capitalismo que Marx ilumina por meio de sua análise. Marx escreve sobre o capitalista, que ele chama de portador consciente desse movimento, como capital personificado, dotado de consciência e vontade.

Para o capitalista, os valores de uso nunca são o objetivo. O objetivo é sempre a produção de valores de uso a fim de valorizar valor e criar nova mais-valia e lucro para si. Isso é o que Marx chama de impulso ilimitado para o enriquecimento, a busca apaixonada pelo valor. É o que define o capitalista sob o capitalismo.

Em seguida, em "Contradições na fórmula geral", Marx se coloca a tarefa de resolver um mistério, uma espécie de história de detetive de Economia Política. Aqui estão os elementos essenciais.

No ciclo M-D-M, ou ciclo de simples circulação de mercadorias, o processo de troca é uma metamorfose, uma mudança da forma do valor. Nesse ponto, Marx escreve sobre o valor ser imaterial, mas objetivo. A mesma quantidade de valor está passando por diferentes formas. A mercadoria que temos no início do ciclo é representativa de uma certa quantidade de tempo de trabalho socialmente necessário empregada para criá-la. No capítulo 1, Marx definiu que "Tempo de trabalho socialmente necessário é aquele requerido para produzir um valor de uso qualquer, nas condições dadas de produção socialmente normais, e com o grau social médio de habilidade e de intensidade de trabalho".[3] Mercadorias produzidas no mesmo tempo de trabalho socialmente necessário têm o mesmo valor.

---

[3] *Id., ibid.*, p. 169. (N. E.)

Entramos no mercado e vendemos a mercadoria por dinheiro. Essa quantidade de dinheiro é equivalente à quantidade de tempo de trabalho socialmente necessário colocado na mercadoria. Em seguida, compramos uma mercadoria diferente, necessária para nós, que também representa a mesma quantidade de tempo de trabalho socialmente necessário presente na mercadoria com a qual começamos. O que mudou foi a mercadoria, de um valor de uso para outro. Mas o valor subjacente a eles, o tempo de trabalho socialmente necessário, permanece o mesmo. Embora a forma do valor de uso tenha mudado, não há mudança na magnitude do valor.

Portanto, quando temos uma troca direta no mercado de mercadorias, ou trocamos mercadorias via dinheiro, temos uma troca de equivalentes. Outra maneira de dizer isso é uma troca de *valores de troca* iguais. Ninguém obtém mais valor pela troca do que o que investiu inicialmente nela.

Os economistas políticos clássicos sustentavam que a circulação era uma troca de valores equivalentes, mas isso parece implicar que a formação de mais-valia não ocorre. Então, como esse problema é resolvido? Marx tem que resolver essa aparente contradição de que, por um lado, temos uma troca de equivalentes em um mercado, mas, por outro lado, o capitalista acaba com mais-valia excedente do outro lado do ciclo D-M-D'.

É claro que Marx estava ciente de que a troca desigual é comum. Mas ele aponta que, por meio dessa transação, um vendedor fica rico às custas de outros, um fenômeno que não pode ser generalizado e, portanto, não pode ser usado para explicar a mais-valia como algo que surge da circulação. Marx escreve: "A totalidade da classe dos capitalistas de um país não pode tirar vantagem de si mesma".[4]

Assim, se a troca desigual não pode explicar por que os capitalistas têm mais-valia excedente do outro lado do processo

---

[4] *Id., ibid.*, p. 282. (N. E.)

de circulação, deve haver outra explicação. Ao estabelecer esse problema, Marx escreve:

> Nosso possuidor de dinheiro, por enquanto ainda presente apenas como capitalista larvar, tem de comprar as mercadorias por seu valor, vendê-las por seu valor e, mesmo assim, extrair no final do processo mais valor do que lançou nele. Sua metamorfose em borboleta tem de ocorrer na esfera da circulação e não tem de ocorrer na esfera da circulação.[5]

Até aqui Marx definiu o problema central: por um lado, o capitalista não investiria seu dinheiro como capital, a menos que esperasse ganhar ainda mais dinheiro no final do processo; por outro, o que ocorre no âmbito da troca é apenas a troca de equivalentes, ou valor que muda de forma.

Em "A compra e venda da força de trabalho", Marx revela a solução desse mistério. Ele escreve que, para extrair mais-valia do consumo de uma mercadoria, "nosso possuidor de dinheiro precisaria ter a sorte de descobrir dentro da esfera da circulação, no mercado, uma mercadoria cujo próprio valor de uso tivesse a característica peculiar de ser fonte de valor".[6] E, de fato, o capitalista encontra uma mercadoria muito especial no mercado: a capacidade para o trabalho. Ou, em outras palavras, força de trabalho. Isso é diferente do trabalho, que não é uma coisa, mas uma atividade que não pode ser vendida.

A força de trabalho, como a mais-valia, é outra importante inovação conceitual de Marx sobre a Economia Política clássica. Força de trabalho significa nossa capacidade ou aptidão para trabalhar. Essa é uma ideia importante porque é a chave para resolver o problema de uma troca de equivalentes resultando em mais-valia. Há uma mercadoria especial no mercado sob o capitalismo, que os capitalistas podem comprar e que tem como valor de uso a criação de valor. Em outras palavras, quando o capitalista nos paga um

---

[5] *Id., ibid.*, p. 284. (N. E.)
[6] *Id., ibid.*, p. 285. (N. E.)

salário para trabalhar, ele está comprando nossa força de trabalho ou nossa capacidade de trabalhar.

Em muitos casos, recebemos apenas o suficiente, em salário, para podermos fazer nosso trabalho hoje e aparecer para trabalhar amanhã. Portanto, precisamos de salários suficientes para comprar comida, ter moradia, talvez ter acesso a serviços de assistência médica etc. Nosso salário também pode incluir o suficiente para sustentar nossos familiares a fim de fornecer a próxima geração de trabalhadores. Os salários também variam de país para país com base em fatores históricos como colonialismo, imperialismo e a correlação de forças entre a classe trabalhadora e a classe capitalista.

Como qualquer outra mercadoria, a força de trabalho tem um valor de uso e um valor de troca. O valor de uso da força de trabalho é sua capacidade de criar valor no processo de produção, enquanto o valor de troca é definido pelo tempo de trabalho socialmente necessário para criá-lo.

Essa mercadoria especial, a força de trabalho, é o segredo do mistério da fonte da mais-valia. O capitalista pode comprar força de trabalho nos termos do mercado e pagar seu valor total, no sentido do tempo de trabalho socialmente necessário para reproduzir essa força de trabalho. Ao mesmo tempo, o capitalista pode esperar tirar o máximo proveito do valor de uso fornecido por nossa força de trabalho, fazendo-nos trabalhar no processo de produção para criar mais valor do que custa em termos de valor de troca.

Encontrar força de trabalho para venda no mercado é uma circunstância incomum, exclusiva do modo de produção capitalista. Marx escreve que, para que o dinheiro se transforme em capital, o dono do dinheiro deve encontrar o "trabalhador livre", disponível no mercado de mercadorias. Nós, trabalhadores, devemos ser "livres" em duplo sentido. Em primeiro lugar, como indivíduos livres, podemos vender nossa força de trabalho como nossa própria mercadoria. Em segundo, não temos nenhuma outra mercadoria à venda. Estamos "livres" de todos os meios de produção – as ferramentas e materiais necessários para a realização de nossa força de trabalho.

O trabalhador duplamente livre é a primeira definição de Marx do proletariado n'*O capital*, cuja origem, no sentido do autor, nos dá uma visão da natureza única do modo de produção capitalista. Por um lado, o trabalhador no capitalismo não é como o escravo na escravidão clássica, no sentido de que não somos propriedade de outra pessoa. Nossa primeira liberdade é que somos livres para entrar em um contrato para vender nossa força de trabalho em troca de salários, e podemos decidir trabalhar para um ou outro empregador. Mas a nossa segunda liberdade, por outro lado, que é um tipo sarcástico de liberdade – esse é o senso de humor de Marx saindo à tona –, é que somos "livres" dos meios de produção. Devemos continuamente vender nossa força de trabalho no mercado para sobreviver.

Durante a maior parte da história humana, fomos capazes de administrar uma forma de sustento de vida por meio da caça e da coleta e, nos últimos 12 mil anos ou mais, pela agricultura. Mas Marx está falando sobre a ascensão do capitalismo industrial nas últimas centenas de anos, especialmente à medida que se desenvolvia em Manchester e em outras partes da Europa e nos Estados Unidos no século XIX. O que precedeu esse processo foi uma história de separação de ex-camponeses da terra. Isso também significou o fim de nossa capacidade de reproduzir socialmente e viver de qualquer outra forma que não fosse vender nossa força de trabalho ao capitalista. Agora, não temos terras ou fazendas próprias para cultivar alimentos. Não temos oficinas próprias. Não temos ferramentas para criar nossas próprias mercadorias para vender no mercado. Estamos "livres" de todos esses meios de produção no sentido de que tudo o que nos resta para vender é nossa capacidade de trabalhar. Estamos "livres" de todo o restante.

Marx não investiga esse ponto profundamente aqui, mas retorna a ele na oitava parte d'*O capital*, na seção sobre acumulação primitiva.[7] Lá, ele investiga a história violenta e sangrenta

---

[7] Equivalente ao capítulo 24 das edições brasileiras consultadas. (N. T.)

da separação dos servos de suas terras na transição do feudalismo para o capitalismo na Europa. O importante aqui é que, sob o capitalismo, temos esse trabalhador duplamente livre que é a base para a produção de mais-valia. Temos a pequena classe de capitalistas que possuem todos os meios de produção e a enorme classe de trabalhadores que não possuem nada além de nossa capacidade de trabalho. Existe uma igualdade formal no mercado na qual um trabalhador não precisa trabalhar para um capitalista a vida inteira. Podemos trabalhar para diferentes capitalistas. Podemos fazer um contrato, trabalhar para eles por um período e depois trabalhar para outra pessoa. Mas, dentro das relações sociais reais que fundamentam esse fenômeno do trabalhador duas vezes livre, há uma enorme disparidade de poder entre os capitalistas e os trabalhadores, que são compelidos a trabalhar para o capitalista a fim de receber salários. Não temos outra maneira de sobreviver sob o capitalismo.

Para Marx, para entender verdadeiramente esse desequilíbrio de poder e o fenômeno real da exploração, devemos seguir o trabalhador e o capitalista para fora do reino da circulação em direção ao lado oculto da produção. Devemos examinar o processo de produção para discernir a fonte da mais-valia na exploração do trabalhador. É para isso que nos voltamos agora.

Mais-valia absoluta e jornada de trabalho.
Valorização, capital constante, capital variável e taxa de mais-valia

Emiliano López

Por que e como lemos Marx?

Existem muitas maneiras de estudar a obra de Marx. Podemos estudá-lo desde uma perspectiva completamente dogmática, considerando que tudo o que precisamos para a compreensão de nosso tempo e as possibilidades de transformação está posto em seus escritos. Também podemos estudá-lo tratando de decifrar cada palavra confusa, confrontando suas interpretações com as de outros marxistas, para tentar ganhar um debate com pouca relação com a realidade dos povos oprimidos do mundo.

Consideramos essas formas de estudar a obra de Marx como muito limitadas. Em lugar delas, nossa aposta é ler a obra de Marx como um pensamento vivo, que nos permite desnaturalizar as opressões que vivemos, as continuidades ou dimensões estruturantes do capitalismo e as novas formas que essa lógica de organização da sociedade nos apresenta atualmente. Por isso, estudar Marx é uma grande ajuda para entender em que ponto nos encontramos da luta por uma sociedade sem exploradores e explorados. Essa luta é parte de nossa práxis. Não podemos esperar respostas em um livro, ou até mesmo em mil deles, mas sim na organização política das classes trabalhadoras, dos povos.

Onde reside o engano capitalista?

A origem da mais-valia

Como vimos nos capítulos anteriores, a sociedade capitalista se apresenta de uma maneira que Marx chamou de "fetichizada", "mistificada", ou seja, enganosa. Ela se apresenta como uma "enorme coleção de mercadorias" e, ainda que a mercadoria exista em muitas formas de organização social, é na sociedade dominada pelo capital que os produtos do trabalho humano são elaborados majoritariamente para serem vendidos.

No entanto, o problema que se apresenta para Marx, e por isso ele começa *O capital* por este ponto, é que com o estudo da forma mercantil não chegamos a compreender onde reside a particularidade da forma de organização da sociedade em que ainda vive (e sofre) a maior parte de nosso mundo. Esse plano é apenas o mais abstrato, mais geral e, portanto, o mais simples. Devemos avançar para compreender nossa sociedade em planos mais concretos, ou seja, mais complexos.

Marx escreveu uma frase que sempre me pareceu muito poderosa: "Toda ciência seria supérflua se a forma de manifestação e a essência das coisas coincidissem imediatamente".[1] Essa questão é muito importante: se tudo se explicasse por meio dos processos que observamos com um simples olhar, não seria necessária a investigação científica nem a análise de nossa sociedade. O que podemos concluir para nosso problema a partir dessa afirmação? Se a forma mercadoria, que é a forma por meio da qual se apresentam a nós as relações em nossa sociedade, fosse suficiente para explicar essas relações, todo o restante da indagação sobre o que está por trás dessa manifestação de nossos vínculos sociais perderia o sentido.

Como faz sentido investigar isso, já que a imposição da forma-mercadoria não pode ser explicada por si mesma, Marx

---

[1] Marx, K. *O capital*, Livro III. São Paulo: Nova Cultural, 1996, p. 271. (N. E.)

avança no desvelamento do que chama de "o mistério do capital"; ou, em nossos termos, explicando onde está o engano. O ponto de partida para isso é entender o que Marx desenvolve nos capítulos 7 a 10 d'*O capital*.[2] Como vimos, a mercadoria é produto do trabalho humano. No entanto, existem produtos do trabalho humano que não são mercadorias, pois são consumidos por produtores diretos (trabalhadores e trabalhadoras, artesãos e artesãs). Como vimos nos capítulos anteriores deste livro, a mercadoria tem um caráter duplo: tem um valor de uso e um valor de troca. Portanto, verificamos que o que está por trás desses valores é uma dualidade do trabalho: trabalho concreto e trabalho abstrato humano (que se torna um trabalho socialmente necessário). O primeiro é a obra que produz um uso concreto. Por exemplo, um trabalhador têxtil produz, em um determinado momento e dadas certas condições tecnológicas aplicadas ao processo de produção, uma quantidade de roupas (valores de uso). O trabalho abstrato é a forma que o capital favorece, porque é menos importante que tipo de bem é produzido, mas é fundamental que ele possa ser vendido no mercado e trocado por dinheiro.

Agora, então, a pergunta de Marx é: onde está a capacidade de um capitalista se apropriar de uma renda se os bens são trocados por seu valor, isto é, pelo que custou produzi-los sob certas condições técnicas e sociais? Bem, aí está o engano. Os trabalhadores produzem três componentes de valor durante um dia de trabalho completo:

- *capital constante*: aquilo necessário para repor o desgaste do maquinário utilizado;
- *capital variável*: aquilo que o trabalhador necessita para sobreviver e que aparece geralmente como salário;
- *mais-valia*: o que o capitalista guarda e que expressa o ponto de partida da exploração em nossa sociedade.

---

[2] Equivalente, nas edições brasileiras, aos capítulos 5 a 8 que, em conjunto com o capítulo 9, compõem a terceira seção, dedicada à mais-valia absoluta. (N. T.)

Assim, o produto de uma empresa capitalista individual e de um país inteiro é formado, grosso modo, por estes três conceitos: capital constante, capital variável e mais-valia. E esses componentes respondem ao trabalho abstrato na forma de trabalho necessário e mais-trabalho.

Neste ponto temos a base do engano: o capitalista é capaz de dispor de uma parte do produto que os trabalhadores e as trabalhadoras geraram com seu desgaste físico e mental e não pagar por ele.

A esse processo de obtenção de valor excedente, ou seja, além do que o trabalhador se apropria e do que é necessário para substituir o maquinário desgastado, Marx chama de "valorização". Capital é valor que se valoriza, valor que se torna mais-valia. Mas por meio de pagamento injusto. Como aponta Marx, "o segredo da autovalorização do capital se resolve em sua disposição sobre determinado quantum de trabalho alheio não-pago".[3] Se o capitalismo fosse uma forma justa de organização social, não haveria excedente, o que é em parte o mito das teorias neoclássicas do crescimento econômico.

Em uma jornada de trabalho a classe trabalhadora produz seu sustento (trabalho necessário) e uma parte extra que não é paga pelo capitalista (trabalho excedente ou mais-trabalho). Isso se baseia basicamente na divisão social do trabalho, em uma estrutura de classes que permite a alguns poucos serem os donos dos meios de produção e à maioria nada mais ter do que sua própria capacidade de trabalho.

Qual o tamanho do engano? A taxa de mais-valia

Prosseguindo: qual o grau de exploração da classe trabalhadora no capitalismo? Basicamente, Marx trabalha com a noção de *taxa de mais-valia*. Segundo sua definição, a taxa de mais-valia é a relação entre mais-valia e capital variável. Para dar mais concretude,

---

[3] Marx, K. *O capital*, l. I., t. II *op. cit.*, p. 162. (N. E.)

é a relação entre a massa de renda apropriada do trabalho não pago pelo capitalista e o que os trabalhadores recebem em troca de sua força de trabalho.

É importante lembrar que Marx assume aqui que a força de trabalho é paga por seu valor. Qual seria o valor hipotético da força de trabalho? Esse é um debate aberto. Com efeito, Marx destaca a ideia de que o trabalhador recebe por sua mercadoria (força de trabalho) o valor de troca dessa mercadoria, que é um salário suficiente para assegurar seu sustento e o de sua família, ou seja, um patamar próximo à subsistência. Se a força de trabalho (não o trabalho) for paga por seu valor, ainda haverá exploração. Isto é importante: o capitalista paga pela força de trabalho, pela capacidade de trabalhar em um determinado tempo e espaço. O próprio trabalho humano não é uma mercadoria e é inseparável da existência vital de homens e mulheres. Ainda assim, a classe trabalhadora é sujeita ao capital e a medida dessa exploração será a taxa de mais-valia, que nos diz quanto o capitalista ganha com o valor produzido em relação ao pagamento à classe trabalhadora.

Por exemplo, um trabalhador de uma empresa de vestuário em Bangladesh recebe um salário de 90 dólares por mês por 48 horas semanais de trabalho. Esse é um salário por hora de pouco mais de 40 centavos de dólar. Suponha que o capitalista venda a produção por 180 dólares. O capitalista obtém pela venda de cada produto têxtil 90 dólares por mês de mais-valia. A taxa de mais-valia será então $P/V = 90/90 = 100\%$. Isso significa, nesse caso, que o trabalhador produz o dobro do valor que precisa para sobreviver em determinado tempo de trabalho. Portanto, a exploração do trabalho está ligada ao fato de que a jornada de trabalho é dividida entre o tempo de trabalho necessário e o tempo de trabalho excedente (trabalho não remunerado). Isso é, em última análise, mais-valia em termos absolutos. Quanto maior a jornada de trabalho, maior a exploração do trabalho pelo capital.

Vejamos um pequeno gráfico:

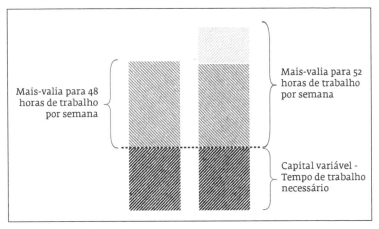

A barra da esquerda representa o valor da força de trabalho e a mais-valia para 48 horas semanais, enquanto a barra da direita expressa o valor da força de trabalho e a mais-valia para 52 horas semanais. O ponto é que, efetivamente, sem modificar o valor da força de trabalho, a relação mais-valia/valor da força de trabalho (mais-trabalho/trabalho necessário) é maior na situação da direita. A mais-valia é maior em termos absolutos pelo aumento da jornada de trabalho.

A taxa de mais-valia é, portanto, um indicador chave da desigualdade estrutural da sociedade capitalista. Indica a magnitude da injustiça.

A jornada de trabalho, o valor da força de trabalho e... a luta de classes

Até agora, então, vimos a mais-valia criada por uma parte da jornada de trabalho que não é paga ao trabalhador. Marx faz uma análise muito interessante de como o tempo de trabalho não remunerado é expresso em termos concretos em diferentes tipos de sociedades. E a particularidade das sociedades dominadas pelo capital é que a extensão ao máximo físico (digamos 24 horas) da jornada de trabalho é um impulso vital do capital. O capital gostaria mesmo é de horas de trabalho infinitas. Marx aponta que, na sociedade capitalista, ao contrário de outras formas de organização da produção e da vida, "o que está em jogo é a própria mais-valia". E então reafirma essa ideia:

> A produção capitalista, que é essencialmente produção de mais--valia, absorção de mais-trabalho, produz, portanto, com o prolongamento da jornada de trabalho não apenas a atrofia da força de trabalho, a qual é roubada de suas condições normais, morais e físicas, de desenvolvimento e atividade. Ela produz a exaustão prematura e o aniquilamento da própria força de trabalho.[4]

Aqui temos um ponto-chave: a disputa pela extensão da jornada de trabalho é um aspecto crucial da luta de classes. Enquanto o capitalista busca a extensão infinita da jornada de trabalho, a classe trabalhadora precisa, como impulso vital, se opor a essa exploração exacerbada. A dialética da luta de classes é muito importante nesse ponto, pois não há limite para a jornada de trabalho determinada por uma questão técnica. O limite é político: é a capacidade da classe trabalhadora de impor coletivamente esse limite à voracidade do capital. É o primeiro passo para qualquer leitura política d'*O capital*: lutar contra a tendência à valorização infinita e a dinâmica da mais-valia absoluta baseada na maior jornada possível é um ponto de partida para reduzir a exploração e os danos às condições de vida da classe trabalhadora.

Após a Segunda Guerra Mundial, muitos intelectuais e movimentos populares consideraram que esse processo produtivo de valorização do capital, baseado na mais-valia absoluta (por meio da extensão da jornada de trabalho, da redução dos tempos ociosos, da rotatividade mais acelerada dos empregados, entre outras questões), era coisa do passado. Que o capitalismo "amadureceu" para uma forma mais frouxa de exploração. A ascensão do neoliberalismo dissipou por completo esse otimismo, colocando mais

---

[4] Marx, K. *O capital*, l. I., t. I *op. cit.*, p. 379. (N. E.)

uma vez sobre a mesa a necessidade de lutar por condições que considerávamos conquistadas para sempre.

Outro ponto importante é que, embora Marx pressuponha que a força de trabalho é paga por seu valor, evidentemente as cestas básicas de trabalhadores e trabalhadoras em todo o mundo capitalista são muito desiguais.[5] Portanto, hoje este é um ponto a ser problematizado é se de fato o que os trabalhadores recebem como pagamento por sua força de trabalho é suficiente para comprar os bens e serviços necessários à vida. É algo que devemos aprofundar, mas aqui deixamos a ideia de que, sim, a luta por quanto devemos receber pelo nosso trabalho, mesmo quando persiste o engano burguês, sem dúvida deve fazer parte de uma agenda anticapitalista, porque enfatiza as condições de exploração.

---

[5] López, Emiliano (org.). *As veias do sul continuam abertas: debates sobre o imperialismo do nosso tempo*, São Paulo: Expressão Popular, 2020.

Mais-valia relativa, cooperação, divisão do trabalho

Emiliano López

Introdução

Após uma série de discussões sobre qual é a origem da mais-valia, neste capítulo vamos nos aprofundar em algumas categorias que Marx desenvolveu em relação às formas que o processo de trabalho adota no quadro das relações capitalistas. Neste ponto, algumas questões são de grande importância:

- O que é a mais-valia relativa e o que a diferencia da mais-valia absoluta?
- Que papel tem a divisão do trabalho nas sociedades capitalistas?
- Qual a importância da categoria chamada força produtiva do trabalho?
- Quais são as diferenças centrais entre o processo de trabalho na manufatura e o processo da grande indústria?

Como ganhar dinheiro sem trabalhar – parte dois

O capital foi escrito em um momento muito particular da história do capitalismo. Após uma fase de crises sistêmicas do capitalismo nas décadas de 1830 a 1870, o capitalismo industrial atingiu altos níveis de maturidade. As lutas da classe trabalhadora, que buscava se livrar da imposição de jornadas de trabalho cada vez mais longas, levaram ao desenvolvimento de novas estratégias de valorização do capital pelos capitalistas.

Impulsionados pela lógica da geração constante da mais-valia, as classes capitalistas foram desenvolvendo, nos tempos em que Marx escreve *O capital*, outros tipos de mecanismos de extração de mais-valia, baseados no aumento da força produtiva do trabalho, ou seja, a produtividade do trabalho.

No capítulo anterior, ficou claro que o capitalista pretende aumentar até o máximo físico a extensão da jornada de trabalho. Isso seria parte de uma estratégia centrada na mais-valia absoluta. Aumentar a jornada, assim, aumenta o valor total produzido e, dado o salário em um determinado nível, a porcentagem de mais-valia sobre o trabalho necessário é aumentada. Dessa forma, a mais-valia aumenta sobre o valor da força de trabalho.

O que ocorre quando esse mecanismo não pode se desenvolver, pois a classe trabalhadora alcançou uma conquista por meio da luta e impôs condições a essa dinâmica de exploração absoluta? O capitalista tem um novo engano: o aumento da produtividade do trabalho. Enquanto uma maior duração da jornada de trabalho aumenta o valor total produzido, o aumento da produtividade do trabalho reduz o tempo de trabalho necessário, assim, aumenta o mais-trabalho em termos relativos.

Por meio do simples gráfico de valor que usamos no capítulo anterior podemos explicar isso: a barra da esquerda e a barra da direita ficam do mesmo tamanho. No entanto, o aumento da produtividade significa que o tempo de trabalho necessário é reduzido, por exemplo, de oito para seis horas na barra da direita, em comparação com a barra à esquerda. Isso altera a proporção entre o trabalho excedente e o trabalho necessário e, portanto, altera a taxa de mais-valia. A mais-valia em relação ao valor da força de trabalho será maior. Portanto, essa estratégia se baseia na mais-valia relativa.

Em suma, em menos tempo os trabalhadores conseguem produzir a mesma magnitude de valor, com a diferença de que a distribuição desse valor é alterada em favor do capitalista. Há um ponto importante quanto a isso. Marx afirma: "Economia do trabalho por meio do desenvolvimento da força produtiva do trabalho não objetiva, portanto, na produção capitalista, a redução da jornada de trabalho. Seu objetivo é apenas reduzir o tempo de trabalho necessário para a produção de determinado *quantum* de mercadorias".[1]

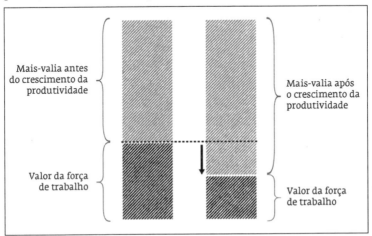

A questão, agora, passa a ser: por meio de quais mecanismos se dá a mais-valia relativa?

Cooperação: o ponto de partida

O processo de produção capitalista começa onde um certo número de trabalhadores age junto, sob a direção de um capitalista, para produzir uma certa classe de bens. Se pensarmos na manufatura inicial, ou seja, na produção industrial dos primeiros anos do capitalismo industrial (do final do século XVIII até a década de 1830, aproximadamente), a produção artesanal não diferia muito da manufatura capitalista. A cooperação é, segundo Marx, o processo de trabalho que reúne diferentes grupos de trabalhadores que realizam trabalhos idênticos ou relacionados para produzir determinados bens.

---

[1] Marx, K. *O capital*, l. I., t. I op. cit., p. 463. (N. E.)

O ponto central é que esse encontro de diferentes grupos de trabalhadores produz um aumento significativo na força produtiva do trabalho. Isso porque há, por um lado, uma série de trabalhos que não podem ser realizados individualmente, por mais longa que seja a jornada de trabalho. Ou seja, para algumas tarefas precisamos de vários trabalhadores. O exemplo que Marx dá é o de mover um grande tronco ou árvore: uma única pessoa não pode fazê-lo, não importa quantas horas trabalhe. Por outro lado, e nisso Marx tem um ponto de contato com Adam Smith, a divisão do trabalho em diferentes fases faz com que o produto do trabalho coletivo tenha uma magnitude maior do que o mesmo trabalho feito separadamente. A divisão do trabalho no mesmo espaço (trata-se do trabalho cooperativo) permite uma jornada de trabalho igual para cada indivíduo para aumentar a produtividade. Marx afirma a respeito que: "Em comparação com uma soma igual de jornadas de trabalho isoladas individuais, a jornada de trabalho combinada produz maiores quantidades de valor de uso, diminuindo por isso o tempo de trabalho necessário para produzir determinado efeito útil".[2]

Isso pode ser devido ao aumento da força física por ter mais trabalhadores fazendo a mesma tarefa, ou porque expande o campo espacial de ação do processo de trabalho, ou porque executa simultaneamente diferentes operações, ou porque muitos trabalhadores executam a mesma tarefa ao mesmo tempo, entre outras formas. Em todos os casos, a produtividade é melhorada, ou seja, o valor de uso total produzido aumenta.

Isso significa que os preços dos produtos do trabalho são reduzidos, mais precisamente os custos unitários. A cooperação, seja de empregos simples iguais (trabalhos físicos simples não qualificados) ou trabalhos complexos diferenciados (ofícios), é um mecanismo para reduzir o tempo de trabalho necessário.

Na sociedade capitalista, a cooperação tem três aspectos importantes. O primeiro deles é que as condições de trabalho são condições

---

[2] *Id., ibid.*, p. 445. (N. E.)

sociais. Portanto, dentro da lógica capitalista de valorização, o tempo de trabalho de um grupo de trabalhadores deve atingir o tempo médio de trabalho, ou seja, o tempo de trabalho socialmente necessário. O fato de as condições de trabalho nas quais ocorre a cooperação serem sociais significa que os coletivos de trabalhadores estão efetivamente organizados em uma determinada ordem social, neste caso, na ordem social capitalista. Portanto, são os capitalistas que têm a capacidade de reunir os trabalhadores em um espaço coletivo de trabalho – ou, na expressão de Marx, espaço cooperativo –, porque têm a capacidade de dispor do dinheiro para adiantá-lo na forma de capital variável. Primeiro eles têm o dinheiro, logo depois organizam a cooperação.

O segundo aspecto é que os capitalistas têm funções específicas, que são o controle e a direção de todo o processo de trabalho. Mas quando a escala é típica da dinâmica estritamente capitalista, o proprietário dos meios de produção inclui também assalariados que cumprem essas funções de direção e controle (gerentes e capatazes).

O terceiro aspecto é que os cooperados são formalmente livres, e essa é uma das principais diferenças com outras formas cooperativas de organização da produção. Por "cooperativo", Marx se refere ao trabalho conjunto, associado e socialmente organizado, mas não a um coletivo de trabalhadores auto-organizados fora da dinâmica do capital. A cooperação, nesse sentido, se opõe ao trabalho individual.

Pelo que afirmamos até aqui, a cooperação aparece como uma forma específica do processo de produção capitalista. É a primeira mudança no processo de trabalho que é subsumida ao capital.

A questão, então, é que a cooperação sob a lógica do capital é uma forma simples de aumentar a mais-valia por meio do aumento da escala e, portanto, da força produtiva do trabalho.

Claro, nesse ponto também temos uma dialética. Por um lado, o coletivo de trabalhadores que cooperam está subsumido ao capital porque a força produtiva que o trabalhador coletivo desenvolve é a força produtiva do capital. Por outro lado, a unificação de um coletivo de trabalhadores e trabalhadoras dá origem a melhores condições de resistência contra o capital.

Uma questão é clara: a força produtiva do trabalho (produtividade) no capitalismo não é neutra, mas sim orientada para aumentar a mais-valia e a exploração, não para ganhar tempo livre.

Da manufatura à grande indústria

A divisão do trabalho que permite aumentar a força produtiva do trabalho tem sua versão clássica na manufatura. Esta é para Marx uma forma que o processo de cooperação adota na sociedade capitalista na qual ocorrem dois processos: o encontro em uma oficina, sob controle capitalista, de artesãos de diferentes ofícios; e o encontro na mesma oficina de trabalhadores de ofícios semelhantes.

O ponto central da manufatura como mecanismo para aumentar a produtividade do trabalho é, ao contrário da forma simples de cooperação, que o processo de produção é dividido em tarefas simples, repetitivas e parciais. Essa lógica de divisão do trabalho priva o trabalhador de seu conhecimento geral sobre o processo de trabalho e prioriza o "trabalho abstratamente humano".

Esse tipo de organização da produção, a manufatura, tem mais uma característica importante: não utiliza maquinário de forma geral. Na manufatura, o capital continua a depender, para aumentar a taxa de mais-valia, da habilidade manual do trabalhador, mesmo que seja uma habilidade como "trabalhador varejista".

O salto transcendental da força produtiva do trabalho está na passagem da manufatura para a grande indústria. A introdução de máquinas é a introdução de um mecanismo de controle do processo de produção externo ao trabalhador. O princípio subjetivo é suprimido em um processo objetivo que é determinado pelo maquinário.

Um exemplo claro disso é mostrado no grande filme de Charlie Chaplin, *Tempos modernos*. Chaplin trabalha em uma linha de montagem onde a máquina marca tempo de trabalho, tempo de descanso, volume de produção, entre outras questões, deixando o trabalhador como um autômato completo, um apêndice da máquina. Quando Chaplin se distrai, destrói toda a cadeia produtiva e o funcionamento de toda a fábrica.

A questão é que, na grande indústria, o aumento da mais-valia depende fundamentalmente da obtenção de uma economia nos custos de mão de obra pela incorporação de máquinas, maior do que o aumento dos custos de aquisição da própria máquina. A divisão do trabalho não tem custo para o capitalista, mas a incorporação do maquinário tem.

O processo conhecido como subsunção real do trabalho ao capital ocorre justamente pela passagem da manufatura para a grande indústria. A base dessa possibilidade está na predominância da mais--valia relativa sobre a absoluta. A grande indústria se caracteriza pela expansão da força produtiva do trabalho por meio da incorporação de maquinários que economizam força de trabalho. Nesse quadro, a quantidade de bens produzidos aumenta quando novas máquinas são incorporadas ao mesmo tempo de trabalho. Portanto, o custo unitário (para cada mercadoria) é significativamente reduzido.

Concorrência e mais-valia relativa

Uma última questão que importa desenvolver é que, para Marx, na dinâmica da grande indústria, a extração da mais-valia relativa prevalece sobre a absoluta, como resultado da luta competitiva entre os capitais.

A explicação é a seguinte. Os capitalistas, por serem representantes de sua mercadoria (capital), precisam buscar estratégias de valorização, ou seja, obter mais-valia para obter sucesso e não desaparecer como capitalistas. A proposição de Marx é, então, que o capitalista precisa valorizar seu capital para além de seus desejos individuais. A mesma organização social que produz a desigualdade de origem entre a classe trabalhadora e a classe capitalista instala a coerção da competição dentro da classe capitalista. Cada uma delas é obrigada a ser a melhor representante de sua mercadoria diante das demais.

A questão é que, como o valor é relacional, a disputa pela apropriação do valor produzido ocorre na grande indústria se o aumento da força produtiva do trabalho for maior que o custo do maquinário. Quando um capitalista individual introduz um novo maquinário que pode preencher a condição mencionada, ele efetivamente retém uma parcela maior do valor gerado socialmente e tem uma mais-valia extraordinária. Se outros capitalistas conseguem copiá-lo e incorporar a mesma máquina ou uma melhor, a mais-valia extraordinária desaparece e se iguala à situação anterior (em torno da média). Portanto, é a concorrência capitalista que está por trás do aumento do emprego do maquinário para obter uma parcela crescente da mais-valia.

Uma última questão é que a dinâmica da mais-valia relativa é perfeitamente compatível com o aumento dos salários dos trabalhadores e das trabalhadoras. É claro que, para que os aumentos salariais não anulem o processo de valorização do capital, a produtividade do trabalho deve aumentar mais rapidamente do que os salários. Se isso acontecer, a mais-valia aumentará relativamente mais do que o valor da força de trabalho. Portanto, o capitalista pode estar disposto a aumentar os salários porque seu lucro também aumenta. Este foi um fato ocorrido no chamado "período fordista": o crescimento do mundo capitalista baseou sua estratégia de valorização na mais-valia relativa. Portanto, dependia crucialmente da relação entre aumento de produtividade e aumento de salários. Aí reside um dos aspectos fundamentais pelos quais se desenvolve a subsunção real do trabalho ao capital: etapas históricas com altas taxas de exploração por meio de estratégias de mais-valia relativa dão lugar a aumentos salariais sustentados. Entretanto, o caráter positivo da melhoria dos salários da classe trabalhadora não resulta em uma distribuição progressiva da renda, pois a taxa de mais-valia não melhora necessariamente. E, sobretudo, o processo de trabalho continua sob o comando de quem vive do trabalho não remunerado de outros.

Mais-valia relativa

E. Ahmet Tonak

Discutiremos aqui dois capítulos do livro I d'*O capital* de Marx: "O conceito de mais-valia relativa" e "Mais-valia absoluta e mais-valia relativa". Eles são os primeiros da seção 4 e 5, respectivamente. A estrutura d'*O capital* e a apresentação do material são cuidadosamente construídas por Marx. Os conceitos e argumentos não estão casualmente espalhados pelas páginas d'*O capital*.

Vamos refletir sobre o que temos nas seções mencionadas e como o material é apresentado primeiro:

A seção 4 é sobre "A produção de mais-valia relativa". Marx desenvolveu o conceito de *mais-valia* e identificou sua *fonte* no texto antes dessa seção. No entanto, a análise do conceito de mais-valia era relativamente abstrata naquelas partes anteriores. A referência era ao *capitalismo em geral*. Nesse contexto, também foi introduzido o conceito de *mais-valia absoluta*, que é determinado pela *duração da jornada de trabalho*.

Nessa nova parte, a seção 4, Marx introduziu um conceito crítico: *mais-valia relativa* (ver Figura 1). Como o conceito é desconhecido, ele deve ser definido primeiro. Portanto, Marx compreensivelmente dedicou o primeiro capítulo dessa parte para explicar o conceito de mais-valia relativa e seu *determinante*, ou seja, a *produtividade do trabalho*. Novamente, como a produtividade do trabalho está diretamente relacionada à mecanização e ao modo de produção, o restante da parte 4 discute esses modos em: "Cooperação", "A divisão do trabalho e a manufatura" e "Maquinaria e grande indústria". Recomendo fortemente a leitura desses capítulos, pois eles nos dão uma boa noção da história do desenvolvimento capitalista sob a perspectiva do avanço tecnológico.

Figura 1 – capítulos das seções quatro e cinco d'*O capital*, livro I

> **Seção 4: A produção da mais-valia relativa**
> capítulo 10: O conceito de mais-valia relativa
> capítulo 11: Cooperação
> capítulo 12: Divisão do trabalho e manufatura
> capítulo 13: Maquinaria e grande indústria
>
> **Seção 5: A produção da mais-valia absoluta e relativa**
> capítulo 14: Mais-valia absoluta e relativa
> capítulo 15: Variação da grandeza do preço da força de trabalho e da mais-valia
> capítulo 16: Diferentes fórmulas para a taxa de mais-valia

Nossa discussão do capítulo inicial esclarece o conteúdo do conceito de mais-valia relativa, enquanto os três capítulos seguintes fazem conexões diretas e concretas entre o conceito e as características do processo de trabalho mutáveis à medida que o capitalismo se desenvolve.

O conceito de mais-valia relativa

Estamos agora na realidade capitalista, partindo de uma discussão relativamente abstrata dos conceitos, incluindo capital variável, mais-valia e taxa de mais-valia no capitalismo em geral. Qualquer dia de trabalho, digamos um dia de trabalho de 10 horas, pode ser dividido em duas partes: tempo de trabalho necessário e tempo de trabalho excedente (ver Figura 2). Na primeira parte da jornada de trabalho, a parte necessária, o trabalhador deve produzir a quantidade de valor equivalente ao valor de sua força de trabalho pelo qual o capitalista paga um determinado salário; digamos que cinco dólares. Além disso, como parte da jornada de trabalho o trabalhador continua a trabalhar por mais cinco horas, o que constitui o tempo de trabalho excedente, quando é produzida a mais-valia. Dada a duração fixa da jornada de trabalho, 10 horas, a única maneira pela qual o capitalista se apropria de mais-valia excedente é reduzindo o tempo de trabalho necessário.

O valor da força de trabalho é equivalente ao valor das mercadorias necessárias para reproduzir a força de trabalho. Que tipo de mercadorias? Obviamente, todas as coisas necessárias para os trabalhadores (e seus familiares) sobreviverem, por exemplo, comida, roupas e moradia. O tamanho e a composição dessa cesta de consumo dependem muito das circunstâncias históricas, do nível de desenvolvimento, da cultura e dos hábitos. Como no exemplo de Marx de "camisas [que] são um meio necessário de subsistência, mas apenas um entre muitos".

Desse modo, se naqueles setores em que as mercadorias que os trabalhadores compram – nas indústrias de bens de consumo – a produtividade do trabalho aumenta por causa das mudanças na tecnologia e nas mudanças no modo de produção desses bens, então o valor desses bens declina. Como um aumento na produtividade do trabalho significa que uma hora de trabalho agora é alocada para mais mercadorias, cada mercadoria terá menos valor em si mesma. Assim, o tempo de trabalho necessário diminui para refletir essa queda no valor dos bens de consumo – digamos, de cinco para quatro horas. Da mesma forma, os salários podem cair de cinco para quatro dólares sem alterar o padrão de vida. As únicas mudanças iniciadas pelo aumento da produtividade do trabalho no setor de bens de consumo são a redução do *tempo de trabalho necessário* de cinco para quatro horas e, concomitantemente, o *aumento do tempo de trabalho excedente* de cinco para seis horas. Esse tipo de aumento é o que Marx chama de produção de mais-valia relativa. Redividir a jornada de trabalho em quatro e seis horas, representando os tempos de trabalho necessário e excedente, respectivamente, significa uma nova e mais elevada taxa de mais-valia: os 100% anteriores (5 horas/5 horas) passam a ser 150% (6 horas/4 horas).

Figura 2: Mais-valia relativa

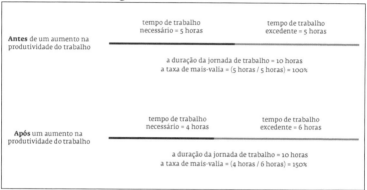

Nesse ponto, Marx definiu o conceito de *mais-valia relativa*. Ele avança para compará-lo com a mais-valia absoluta da seguinte forma: "a mais-valia que, ao contrário, decorre da redução do tempo de trabalho e da correspondente mudança da proporção entre os dois componentes da jornada de trabalho chamo de mais-valia relativa".[1]

A questão crucial deve ser esta: por que os capitalistas que operam nas indústrias produzindo meios de subsistência para a classe trabalhadora introduzem novas tecnologias, que aumentam a produtividade do trabalho? A resposta, em uma palavra, é concorrência. Vejamos como Marx aborda essa questão:

> Quando um capitalista individual mediante o aumento da força produtiva do trabalho barateia, por exemplo, camisas, não lhe aparece necessariamente como objetivo reduzir o valor da força de trabalho e, com isso, o tempo de trabalho necessário pro tanto, mas na medida em que, por fim, contribui para esse resultado, contribuirá para elevar a taxa geral de mais-valia. As tendências

---

[1] Marx, K. *O capital*. l. I, t. I, *op. cit.*, p. 432. (N. E.)

gerais e necessárias do capital devem ser diferenciadas de suas formas de manifestação.[2]

Preste atenção à referência de Marx às tendências gerais e necessárias do capital que são, nesse contexto, como ele coloca, aquelas "leis coercitivas da concorrência [...] como os motivos diretores das operações [do capitalista]".

A mesma lei da determinação do valor pelo tempo de trabalho, que se fez sentir ao capitalista com o novo método na forma de ter que vender sua mercadoria abaixo de seu valor social, impele seus competidores, como *lei coercitiva da concorrência*, a aplicar o novo modo de produção. Portanto, o processo inteiro só afeta finalmente a taxa geral de mais-valia se o aumento da força produtiva do trabalho atingiu ramos de produção, portanto barateou mercadorias, que entram no círculo dos meios de subsistência necessários e consequentemente constituem elementos do valor da força de trabalho.[3] (grifo meu)

O resultado parece um tanto contraintuitivo: trabalhadores mais produtivos não significam mais produção de valor; em vez disso, significam simplesmente mais valor de uso, pois uma hora de trabalho sempre produz a mesma quantidade de valor! Segundo Marx, esse é um dos enigmas que muitos economistas não conseguiram responder corretamente porque não distinguiam entre valor de uso e valor de troca.

Marx antecipou o aumento da taxa de mais-valia à medida que o capitalismo avança devido à produção de mais-valia absoluta e relativa. Recentemente, muitos estudos empíricos confirmaram a previsão de Marx. Por exemplo, a Figura 3 a seguir, mostra que a taxa de mais-valia nos Estados Unidos aumentou de 220% em 1964 para 370% em 2016!

---

[2]   *Id., ibid.,* p. 432. (N. E.)
[3]   *Id., ibid.,* p. 435. (N. E.)

Figura 3 – Taxa de mais-valia EUA (1964-2016)[4]

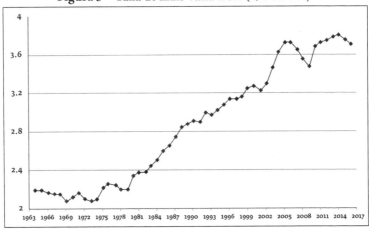

Mais-valia absoluta e relativa

A seção 5 se intitula "A produção de mais-valia absoluta e relativa". Embora Marx já tenha definido o conceito de mais-valia e os conceitos relacionados de mais-valia absoluta e relativa, ele continua a explorá-los mais profundamente nos três capítulos seguintes da seção 5: "Mais-valia absoluta e relativa", "Mudanças de magnitude no preço da força de trabalho e na mais-valia" e "Várias fórmulas para a taxa de mais-valia". Ao fazer isso, Marx reúne suas descobertas da seção 3 (*mais-valia absoluta*) e da seção 4 (*mais-valia relativa*). Ele também esclarece e especifica o que entende por trabalho produtivo sob o capitalismo. Além disso, a discussão do *processo de trabalho* e do trabalho produtivo permite a Marx criticar a noção de lucro dos principais economistas clássicos, incluindo as ideias de Ricardo e Mills.

O capítulo "Mais-valia absoluta e relativa" começa nos lembrando como Marx discutiu o processo de trabalho na parte anterior

---

[4] Tsoulfidis, L.; Paitaridis, D. 2019. "Capital intensity, unproductive activities and the Great Recession in the US economy". *Cambridge Journal of Economics*, v. 43, p. 623-647.

d'*O capital*: "o processo de trabalho foi considerado primeiramente em abstrato (ver capítulo V), independente de suas formas históricas, como processo entre homem e Natureza". Nesse contexto, "o processo de trabalho é puramente individual". À medida que o capitalismo se desenvolve, "o produto transforma-se, sobretudo, do produto direto do produtor individual em social, em produto comum de um trabalhador coletivo, isto é, de um pessoal combinado de trabalho, cujos membros se encontram mais perto ou mais longe da manipulação do objeto de trabalho".[5] Esse mesmo processo de passar de um tratamento geral (e abstrato) do processo de trabalho para a análise do processo de trabalho no capitalismo (e, precisamente por essa razão, um processo de trabalho historicamente específico) permite a Marx definir o *trabalho produtivo* no capitalismo também: "Apenas é produtivo o trabalhador que produz mais-valia para o capitalista ou serve à autovalorização do capital".[6]

O significado da distinção entre trabalho (atividade) produtivo e improdutivo não pode ser superestimado. A distinção entre trabalho produtivo e improdutivo (TPI) é crucial, tanto para *a análise da trajetória do capitalismo* (a natureza cíclica e de crise do capitalismo) em geral quanto para a compreensão das *características peculiares do capitalismo do final do século XX* (a crescente importância de atividades econômicas improdutivas, como comércio e finanças). Na minha opinião, Marx é claro sobre sua definição de trabalho produtivo e distingue seu critério para classificar o trabalho como produtivo e improdutivo daqueles de outros economistas clássicos, notadamente de Smith, cujos critérios incluíam a materialidade. Smith considerou apenas os trabalhadores cujos produtos são *tangíveis* (*bens* em vez de *serviços* na terminologia econômica dominante); ou seja, todos os trabalhadores das indústrias de serviços devem ser automaticamente classificados como improdutivos. Para Marx, a natureza do produto, isto é, material ou imaterial, nada tem a ver

---

5   Marx, K. *O capital*. l. I, t. II, *op. cit.*, p. 137. (N. E.)
6   *Id. ibid.*, p. 138. (N. E.)

com a classificação de seu produtor como trabalhador produtivo ou improdutivo. Curiosamente, embora o exemplo de Marx de uma "fábrica de ensino" neste capítulo deixe esse ponto claro, em tempos recentes, alguns marxistas, por exemplo, Nicos Poulantzas, usaram o critério de materialidade para identificar a distinção entre trabalho produtivo e improdutivo (TPI) e para mapear esses trabalhadores como membros da classe trabalhadora ou, alternativamente, como a "nova pequena burguesia"!

Dada a complexidade e interconexão das atividades econômicas no capitalismo moderno, a Figura 4 tenta mostrar a distinção entre TPI para diferentes tipos de trabalho com base no critério de Marx, sendo esse critério baseado na produção de mais-valia para o capital.

Figura 4 – Localizando o trabalho produtivo no capitalismo moderno[7]

---

[7]   Neste caso, o transporte deve ser entendido no sentido de transporte de mercadorias (N. T.)

Vejamos também como essa distinção entre TPI nos ajudaria a observar as mudanças estruturais e suas ramificações no principal país capitalista, os EUA. Em termos de emprego e salários, a participação dos trabalhadores improdutivos aumentou substancialmente (para 72% nos salários e quase 56% nos empregos) nos EUA desde o início dos anos 1950. Com esse tipo de aumento, a participação desses setores improdutivos (principalmente comércio e finanças) no PIB também aumentou. Essa é uma mudança estrutural significativa, que por sua vez limita a capacidade de produção de mais-valia do capitalismo dos EUA. Uma vez que o aumento da produção de mais-valia é a base tanto do crescimento econômico quanto da expansão dos setores improdutivos (por definição, estes não produzem mais-valia), esse mesmo fenômeno de uma diminuição proporcional no trabalho produtivo é alarmante para o capitalismo dos EUA; aliás, para outros países avançados também, uma vez que esse padrão é observado em todas as outras economias de capitalismo avançado. Uma das principais causas desse crescimento desproporcional de setores improdutivos nos países avançados é, evidentemente, o *offshoring* e a mudança na distribuição da força de trabalho industrial para outros países menos avançados. À medida que a tendência atual de desglobalização e *homeshoring* reverta a maré, pode-se esperar uma reposição de setores produtivos nas economias avançadas no futuro próximo, embora isso provavelmente permaneça limitado.

Figura 5 – Parcelas do trabalho produtivo e do improdutivo na composição do total de empregos e da massa salarial, EUA (1964-2016)[8]

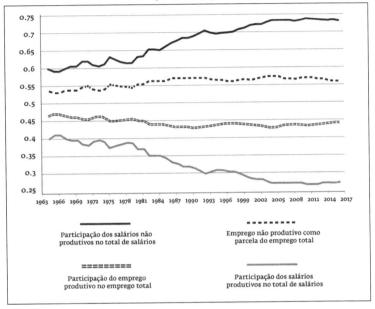

---

[8] Tsoulfidis, L.; Paitaridis, D. Capital intensity, unproductive activities and the Great Recession in the US economy, *Cambridge Journal of Economics*, 43(3), p. 623-647.

A acumulação de capital

Chris Caruso

O foco deste capítulo é a seção 7 do Livro I d'*O capital*, "A acumulação do capital", que inclui os capítulos 23, 24 e 25.[1] Por acumulação, Marx se refere aqui ao crescimento da escala da produção capitalista ao longo do tempo. Começando com o capítulo "Reprodução simples", ele amplia seu quadro de análise. Em vez de escrever sobre um único circuito de D-M-D', ele pergunta o que acontece quando vemos esse ciclo como um processo contínuo: "Uma sociedade não pode parar de consumir, tampouco deixar de produzir. Considerado em sua permanente conexão e constante fluxo de sua renovação, todo processo social de produção é, portanto, ao mesmo tempo, processo de reprodução".[2] Visto dessa maneira, o capitalismo não produz apenas mercadorias e mais-valia, mas também reproduz as condições sob as quais a acumulação capitalista pode continuar.

---

[1] Nas edições brasileiras, a sétima seção ("O processo de acumulação do capital") é a última e abarca os capítulos 21 a 25. Os capítulos citados pelo autor equivalem aos capítulos 21, 22 e 23. Nas edições em inglês, esta última seção é dividida em duas partes, a já mencionada sétima e uma oitava, dedicada à acumulação primitiva de capital. (N. T.)

[2] Marx, K. *O capital*, livro I, t. II, *op. cit.*, p. 199. (N. E.)

Marx nos dá um exemplo: um processo de produção no qual o capitalista adianta £1.000 e as coloca no ciclo D-M-D'. D = £1.000 e no final do ciclo D' = £1.200. Os trabalhadores criaram £200 em mais-valia e preservaram as £1.000 originalmente adiantadas. Nesse exemplo, o que Marx chama de "reprodução simples", o capitalista pega todas as £200 em mais-valia para seu próprio consumo pessoal e então inicia um novo ciclo no qual, novamente, D = £1.000 e D' = £1.200. O que acontece depois de cinco ciclos? O capitalista terá consumido £200 x 5 = £1.000, o equivalente ao que ele adiantou originalmente. É o argumento do capitalista: como as £1.000 originais eram sua propriedade, justifica-se que ele receba as £200 em mais-valia produzidas pelos trabalhadores. Agora, de onde essas £1.000 originais realmente vêm é de grande interesse, mas para isso teremos que esperar até o próximo capítulo, sobre acumulação primitiva. Para os propósitos deste exemplo, Marx, com efeito, está disposto a fingir que é verdade que as £1.000 originais eram propriedade do capitalista. Mas mesmo sob essa falsa suposição ele ainda mostra como o argumento do capitalista está errado.

Quando o capitalista está prestes a embarcar no sexto ciclo, escreve Marx: "Ao final de certo número de anos, o valor do capital que possui é igual à soma da mais-valia apropriada durante o mesmo número de anos, sem equivalente, e a soma do valor consumido por ele é igual ao valor do capital original".[3] Então, por que o capitalista deveria reivindicar a mais-valia produzida com o adiantamento de £1.000, uma vez que estas foram inteiramente criadas por seus trabalhadores? Quando nos afastamos da consideração de um único trabalhador e capitalista em um único circuito de D-M-D' e, em vez disso, consideramos a classe trabalhadora e a classe capitalista como um todo em circuitos contínuos, quebramos as ilusões criadas pelo mercado.

---

[3] *Id., ibid.*, p. 202. (N. E.)

Quando a classe capitalista paga os salários da classe trabalhadora, ela está apenas dando à classe trabalhadora uma pequena porção do que produzimos no passado. E quando pegamos esses salários para comprar as mercadorias de que precisamos, estamos apenas recebendo de volta uma pequena porção do que nós, como classe, produzimos. Mas a classe trabalhadora como um todo não recebe tanto em salários que nos permita escapar do circuito M-D-M. Ainda somos mantidos separados dos meios de produção; portanto, não importa quanta mais-valia produzamos para o capitalista, no final de cada ciclo devemos novamente vender nossa força de trabalho ao capitalista para obter os salários de que precisamos para sobreviver.

> O próprio trabalhador produz, por isso, constantemente a riqueza objetiva como capital, como poder estranho, que o domina e explora, e o capitalista produz de forma igualmente contínua a força de trabalho como fonte subjetiva de riqueza, separada de seus próprios meios de objetivação e realização, abstrata, existente na mera corporalidade do trabalhador, numa só palavra, o trabalhador como trabalhador assalariado. Essa constante reprodução ou perpetuação do trabalhador é a condição *sine qua non* da produção capitalista.[4]

Como uma espécie de monstro de Frankenstein, o capital é ao mesmo tempo nossa criação e a fonte de nosso tormento.

Marx conclui o capítulo escrevendo: "O processo de produção capitalista, considerado como um todo articulado ou como processo de reprodução, produz por conseguinte não apenas a mercadoria, não apenas a mais-valia, mas produz e reproduz a própria relação capital, de um lado o capitalista, do outro o trabalhador assalariado".[5] Com base na ideia de reprodução simples, na qual o capitalista consome toda a mais-valia produzida em um circuito D-M-D', Marx agora se volta para a reprodução expandida, ou o que ele chama de "acumulação", na

---

[4]   *Id., ibid.*, p. 204. (N. E.)
[5]   *Id., ibid.*, p. 211. (N. E.)

qual o capitalista reinveste uma parte da mais-valia no próximo circuito de produção.

Cada D inicial sucessivo no ciclo D-M-D' é agora maior que o D anterior. Portanto, se a reprodução simples é um círculo, a reprodução expandida é uma espiral cada vez maior. Mas por que o capitalista reinvestiria a mais-valia que tirou de seus trabalhadores, em vez de apenas gastar tudo em seu próprio consumo de luxo? Ele é compelido pelas leis coercitivas da concorrência. Se não o fizer, seus concorrentes o farão e ele será expulso do mercado.

> O desenvolvimento da produção capitalista faz do contínuo aumento do capital investido numa empresa industrial uma necessidade e a concorrência impõe a todo capitalista individual as leis imanentes do modo de produção capitalista como leis coercitivas externas. Obriga-o a ampliar seu capital continuamente para conservá-lo, e ampliá-lo ele só o pode mediante acumulação progressiva.[6]

Os capitalistas reinvestem para permanecer no negócio e preservar seu poder social e posição de classe como capitalistas.

Imagine um capitalista envolvido na fabricação de automóveis por volta de 1900. Isso exigia trabalhadores altamente qualificados para fabricar e montar as centenas de peças necessárias para criar um motor de combustão interna e o restante do carro. Diferentes capitalistas, fabricantes de automóveis, tinham abordagens ligeiramente diferentes para a produção e, à medida que seus carros eram vendidos no mercado, emergia uma média social representativa do tempo de trabalho socialmente necessário para produzir um carro.

Então veio Henry Ford, que implementou a linha de montagem móvel em 1913 – uma revolução tecnológica na produção de automóveis. Isso o capacitou a fazer duas coisas: primeiro, desqualificar seus trabalhadores e, segundo, controlar com pre-

---

[6] *Id., ibid.*, p. 225. (N. E.)

cisão a intensidade de seu trabalho. Ele não precisava mais de trabalhadores altamente qualificados que pudessem trabalhar em diferentes estágios do processo de produção de automóveis. Só precisava que os trabalhadores fizessem uma ou duas coisas específicas quando o carro chegasse ao seu posto na linha de montagem. E, simplesmente ordenando que a velocidade da linha de montagem aumentasse, ele poderia obrigar toda a sua força de trabalho a trabalhar mais rápido e em uníssono.

Seu maior investimento em capital constante, na forma da linha de montagem móvel, permitiu-lhe reduzir seus custos em capital variável, ou força de trabalho. Ele aumentou a produtividade do trabalho e, com isso, conseguiu reduzir o valor individual de seus carros abaixo do valor social de seus concorrentes. Em 1908, o Ford Modelo T era vendido por US$825,00 e, em 1925, por apenas US$260,00. A Ford conseguiu fabricar um carro da mesma qualidade por um terço do preço de seus concorrentes. Por sua busca por mais-valia relativa, Ford estava em posição de obter mais lucro, aumentando sua participação no mercado. Seus concorrentes se depararam com uma escolha: encontrar uma maneira de também aumentar seus investimentos em capital constante, como a linha de montagem ou outra tecnologia que triplicasse a produtividade de seus trabalhadores, ou observar a Ford roubar sua participação no mercado e levá-los à falência.

Marx escreve: "Acumulai, acumulai! Isso é Moisés e os profetas! [...] Acumulação pela acumulação, produção pela produção".[7] Ou seja, o evangelho do capitalismo é o crescimento. O capitalismo exige crescimento. Todas as barreiras ao crescimento, sejam elas ambientais, sociais ou geopolíticas, devem ser derrubadas. Quando o capitalismo não tem crescimento suficiente, ele entra em crise. Essa é uma característica única do modo de produção capitalista em comparação com os anteriores e uma questão urgente para todos nós hoje.

---

[7] *Id., ibid.*, p. 228. (N. E.)

Agora que Marx estabeleceu a ideia de reprodução ou acumulação ampliada, ele a coloca no contexto da revolução tecnológica contínua e examina seus efeitos sobre a classe trabalhadora. É muito importante notar que as conclusões de Marx aqui não pretendem ser previsões do que necessariamente acontecerá no capitalismo. No início da seção 7, ele expõe explicitamente as suposições a partir das quais está trabalhando. Ele está examinando o capitalismo em sua forma teoricamente idealizada, como um sistema que está funcionando como deveria. Em primeiro lugar, não há problemas no mercado e todas as mercadorias são negociadas pelo seu valor (Marx abordará os problemas da circulação no Livro II). Em segundo lugar, toda a mais-valia é revertida para o capitalista industrial (ele abordará a maneira como a mais-valia é distribuída aos diferentes setores do capital, como o lucro, que vai para o capital mercantil, o juro, que vai para o capital financeiro, e o aluguel, que vai para os proprietários de terras, no Livro III).

Marx então desenvolve seu conceito de composição do capital. Isso é bastante complicado, mas só se torna realmente importante em sua discussão da teoria da crise no Livro III. Para fins argumentativos, aqui, vamos simplificar e dizer que a composição do capital é essencialmente "c/v", na qual c é o capital constante, ou o valor dos meios de produção, e v é o capital variável, ou o valor da força de trabalho. Marx então mostra que se a acumulação de capital ocorresse sem mudança tecnológica, ou, em outras palavras, se o capital constante e o variável permanecessem na mesma proporção entre si à medida que ambos cresciam, então a demanda por força de trabalho também cresceria, necessariamente.

Marx escreve: "A acumulação de capital é, portanto, a multiplicação do proletariado".[8] Se o capitalista encontrar um limite para a oferta de força de trabalho que ele precisa para expandir, os

---

[8]   *Id., ibid.*, p. 246. (N. E.)

salários aumentarão. Isso é bom para a classe trabalhadora, mas não abole a exploração. Nas palavras de Marx, "preço crescente do trabalho em decorrência da acumulação do capital significa, de fato, apenas que o tamanho e o peso da cadeia de ouro, que o próprio trabalhador forjou para si, permitem reduzir seu aperto".[9] Uma redução da demanda por força de trabalho, no entanto, certamente fará com que os salários caiam.

Quando deixamos de lado a hipótese de acumulação sem mudança tecnológica e permitimos que a produtividade do trabalho aumente, as coisas ficam realmente interessantes. Marx já estabeleceu o impulso imanente do capitalista em direção à inovação tecnológica em sua busca competitiva por mais-valia relativa. O que ocorre então é um aumento do capital constante em relação ao capital variável. Em outras palavras, há um aumento dos meios de produção em relação à força de trabalho.

Marx escreve: "No transcurso da acumulação surge sempre um ponto em que o desenvolvimento da produtividade do trabalho social se torna a mais poderosa alavanca da acumulação".[10] Inovações tecnológicas e organizacionais aumentam a produtividade do trabalho e aceleram o processo de acumulação. À medida que a acumulação se acelera, ela leva e também depende da concentração e centralização do capital. Por concentração, Marx quer dizer que, à medida que a acumulação cresce a uma taxa composta, há uma massa crescente de capital concentrada nas mãos de alguns capitalistas.

A centralização do capital inclui aquisições, fusões e a retirada de empresas menores do mercado e a compra de seus ativos. À medida que aumentam a concentração e a centralização, elas tendem a aumentar a produtividade do trabalho e a razão entre capital constante e variável na composição do capital. À medida que a composição do capital aumenta, a demanda por força de

---

[9]   *Id., ibid.*, p. 251. (N. E.)
[10] *Id., ibid.*, p. 254. (N. E.)

trabalho cai relativamente. Marx escreve que "a acumulação capitalista produz constantemente – e isso em proporção à sua energia e às suas dimensões – uma população trabalhadora adicional relativamente supérflua ou subsidiária, ao menos no concernente às necessidades de aproveitamento por parte do capital".[11] Observe que essa população excedente é apenas "subsidiária" ou "supérflua" do ponto de vista dos capitalistas, que buscam obter lucro.

Essa é uma população excedente não em algum sentido moral ou de dignidade humana, mas apenas do ponto de vista da capacidade dos capitalistas de criar mais-valia excedente. Marx está atacando diretamente os argumentos malthusianos, que ainda circulam atualmente, que afirmam que há pessoas demais para os recursos da Terra sustentarem ou que as pessoas da classe trabalhadora têm mais filhos do que podem sustentar. São mentiras maliciosas. Enquanto o capitalismo produz riquezas obscenas para um pequeno punhado de pessoas, ele também é uma gigantesca máquina produtora de pobreza. O capitalismo produz pobreza, não importa qual seja a taxa de população.

Uma maneira pela qual o capitalismo produz pobreza é criando uma população relativamente excedente de trabalhadores. A criação de um grupo de trabalhadores desempregados é uma condição necessária para a acumulação de capital. Marx escreve:

> Mas, se uma população trabalhadora excedente é produto necessário da acumulação ou do desenvolvimento da riqueza com base no capitalismo, essa superpopulação torna-se, por sua vez, a alavanca da acumulação capitalista, até uma condição de existência do modo de produção capitalista. Ela constitui um exército industrial de reserva disponível, que pertence ao capital de maneira tão absoluta, como se ele o tivesse criado à sua própria custa.[12]

---

[11]   *Id., ibid.*, p. 261. (N. E.)
[12]   *Id., ibid.*, p. 262-263. (N. E.)

A superpopulação relativa dos pobres serve de alerta para o que acontecerá com os trabalhadores empregados se eles não atenderem às demandas dos capitalistas. Faça o que o chefe diz ou acabará como eles. Essa ameaça se torna uma alavanca para aumentar a intensidade de trabalho dos trabalhadores empregados. Assim, escreve Marx, "a condenação de uma parcela da classe trabalhadora à ociosidade forçada em virtude do sobretrabalho da outra parte e vice-versa torna-se um meio de enriquecimento do capitalista individual".[13]

A luta por aumentar a mais-valia relativa – a crescente composição orgânica do capital – e a crescente concentração e centralização do capital dão à classe capitalista um poder social esmagador em nosso mundo. À medida que o capitalismo cresce e se desenvolve, também cresce essa população excedente relativa. Nas últimas décadas, testemunhamos um enorme crescimento da classe trabalhadora global, mas também um enorme crescimento da população excedente relativa. Temos agora esse excedente populacional global, que não é mais necessário no processo de produção e é amplamente controlado pela repressão militar e policial e pelo encarceramento em massa.

Marx defende a necessidade estratégica da organização simultânea dos empregados e dos desempregados. Ele imagina que os sindicatos devem ser perspicazes o suficiente para apoiar e se organizar ao lado de organizações de desempregados. No entanto, muitas vezes, quando um trabalhador perde o emprego e não pode mais pagar suas contribuições sindicais, ele fica desorganizado. Marx insiste que a unidade dos empregados e desempregados como uma classe e sua capacidade, por meio dessa solidariedade, de impedir que o capitalista jogue uma seção da classe contra outra, são cruciais para a estratégia de libertação. Ele escreve:

---

[13] *Id., ibid.*, p. 266. (N. E.)

assim que eles, então mediante Trade's Unions etc., procuram organizar uma atuação conjunta planejada dos empregados com os desempregados para eliminar ou enfraquecer as ruinosas consequências daquela lei natural da produção capitalista sobre sua classe, o capital e seu sicofanta, o economista político, clamam contra a violação da 'eterna' e, por assim dizer, 'sagrada' lei da demanda e oferta.[14]

Os apologistas do capitalismo nos dizem que ele trará prosperidade para todos, por fim; que o que é bom para a classe capitalista é bom para todos nós. Mas Marx mostra que o oposto é verdadeiro. Ele escreve: "segue portanto que, à medida que se acumula capital, a situação do trabalhador, qualquer que seja seu pagamento, alto ou baixo, tem de piorar". Isso é o que Marx chama de sua lei geral da acumulação capitalista: "a acumulação da riqueza num polo é, portanto, ao mesmo tempo, a acumulação de miséria, tormento de trabalho, escravidão, ignorância, brutalização e degradação moral no polo oposto".[15] O capitalismo não pode produzir a riqueza para criar bilionários sem simultaneamente produzir a miséria de bilhões de seres humanos.

Essa é a conclusão de Marx, que se coloca em absoluto contraponto às conclusões de Adam Smith. Smith acreditava na utopia de pequenas empresas capitalistas e argumentava que sua concorrência e a busca de todos por seu próprio benefício resultariam em benefício de todos por meio do misterioso funcionamento da mão invisível do mercado. Sua afirmação essencial era que quanto mais a sociedade se aproximasse do capitalismo de livre mercado, melhor seria para mais pessoas. Mas Marx definitivamente respondeu: não. Nem na teoria, nem na prática. Quanto mais a economia se aproxima do capitalismo de livre mercado, maior é a produção da pauperização ao lado de grandes riquezas, maior é a tendência ao monopólio em termos

---

[14]   *Id., ibid.*, p. 270. (N. E.)
[15]   *Id., ibid.*, p. 275. (N. E.)

de centralização e concentração da riqueza e mais propenso a crises se torna o sistema capitalista.

Em 2020, mesmo antes da crise da Covid-19 exacerbar muito a desigualdade, os 2.153 bilionários do mundo tinham mais riqueza do que os 4,6 bilhões de pobres, que representam 60% da população do planeta, de acordo com um relatório da Oxfam. Os 22 homens mais ricos do mundo têm mais riqueza do que todas as mulheres do continente africano juntas. A verdade é que esse é o resultado direto da lei geral da acumulação capitalista, e não terminará até que acabemos com o capitalismo.

Acumulação primitiva

Olivia Carolino

Introdução

Neste livro temos o objetivo de compreender a *lógica* da acumulação capitalista para derrubar o capital, tendo como base a leitura d'*O capital*.

Vimos que o dinheiro usado de uma forma particular tanto para comprar a mercadoria força de trabalho como para adquirir meios de produção se chama capital. É ao acionar o processo produtivo que se dá a transformação de dinheiro em capital. Fomos apresentados ao *mistério* que é desvendar como extrair um valor a mais da troca de equivalentes.

No estudo da jornada de trabalho compreendemos que acontece um *roubo* do valor gerado a mais pela força de trabalho que é apropriado de forma privada pelos proprietários de capital.

A questão central de Marx no livro I d'*O capital* é mostrar que a força de trabalho é o componente do capital que gera valor novo na sociedade e que, portanto, produz a riqueza.

Neste livro, tivemos contato com uma análise científica para afirmar que na sociedade capitalista a classe trabalhadora gera valor. Essa afirmação é fundamental como base material da luta de classes.

Até aqui, lidamos com o fato d'*O capital* encontrar força de trabalho disponível para comprar e acionar o processo produtivo de mercadorias. Mas de onde veio a força de trabalho? Qual a origem de um mercado de compra e venda de força de trabalho?

Uma noção de processo histórico

Para responder a essa questão, o capítulo "A assim chamada acumulação primitiva" se dedica a uma abordagem histórica que remonta à transição do feudalismo para o capitalismo.

No feudalismo, a relação social de produção era caracterizada pelo fato de as condições objetivas e subjetivas de trabalho estarem unidas. Ou seja, os servos eram proprietários dos meios de produção e estavam presos à terra na relação de troca de proteção por produto.

O capítulo narra a separação violenta entre as condições objetivas e subjetivas de realizar o trabalho, ou seja, a expropriação das terras e dos instrumentos de trabalho dos trabalhadores.

É o método dialético aplicado para compreender o processo histórico movido por contradições. Nas palavras de Marx: "a estrutura econômica da sociedade capitalista proveio da estrutura econômica da sociedade feudal".

> O movimento histórico, que transforma os produtores em trabalhadores assalariados, *aparece*, por um lado, como sua libertação da servidão e da coação corporativa; e esse é o único aspecto que existe para nossos escribas burgueses da história. Por outro lado, porém, esses recém-libertos só se tornam vendedores de si mesmos depois que todos os seus meios de produção e todas as garantias de sua existência, oferecidas pelas velhas instituições feudais, lhe foram roubados. E a história dessa sua expropriação está inscrita nos anais da humanidade com traços de sangue e fogo.[1]

---

[1] Marx, K. *O capital*. livro I, tomo II, *op. cit,*, p. 341. (N. E.)

O movimento histórico *aparece* como a "libertação dos trabalhadores da servidão e da coação corporativa". O que está na *essência* (estrutura)? "Esses recém-libertos só se tornam vendedores de si mesmos depois que todos os seus meios de produção e todas as garantias de sua existência, oferecidas pelas velhas instituições feudais, lhe foram roubados".

Na sequência, Marx termina o capítulo com o tema da tendência histórica da acumulação capitalista.

> O sistema de apropriação capitalista surgido do modo de produção capitalista, ou seja, a propriedade privada capitalista, é a primeira negação da propriedade individual, baseada no trabalho próprio. Mas a produção capitalista produz, com inexorabilidade de um processo natural, sua própria negação. *É a negação da negação.*[2]

Para contar essa história, Marx vai se apoiar na ideia de *segredo, esquecimento e violência.* Esse conjunto de elementos fornecerá o esquema do capítulo.

Por que o termo "primitiva"?

Primeiro uma indagação. Por que o termo "primitiva"?

Acumulação primitiva é aquela que precede a acumulação capitalista, uma acumulação que não é resultado do modo de produção (MP) capitalista, mas sim seu ponto de partida.

Na obra *O capital*, Marx expõe as leis da *acumulação capitalista* como vimos neste livro e, em seguida, analisa a chamada *acumulação primitiva*, caminhando do complexo ao simples, como desdobramento do método dialético.

Este é o *pressuposto* para a história do capitalismo como modo de produção:

> Viu-se como dinheiro é transformado em capital, como por meio do capital é produzida mais-valia e da mais-valia mais capital. A acumulação do capital, porém, pressupõe a mais-valia, a mais--valia a produção capitalista, e esta, por sua vez, a existência de

---

[2] *Id., Ibid.*, p. 381. (N. E.)

massas relativamente grandes de capital e de força de trabalho nas mãos de produtores de mercadorias. Todo esse movimento parece, portanto, girar num círculo vicioso, do qual só podemos sair supondo uma acumulação 'primitiva' (*previous accumulation* em A. Smith), precedente à acumulação capitalista, uma acumulação que não é resultado do modo de produção capitalista, mas sim seu ponto de partida.[3]

Portanto, as condições para o devir do capital não estão contidas no modo de produção capitalista; devem encontrar uma explicação fora dele. É nesse sentido que a análise histórica se torna fundamental para o entendimento do processo na sua totalidade.

O segredo

Em "A assim chamada acumulação primitiva", Marx nos revela os segredos dessa forma que precede a acumulação capitalista, detalhando com lente histórica notadamente o processo dos cercamentos, em que "[...] grandes massas humanas são arrancadas súbita e violentamente de seus meios de subsistência e lançadas no mercado de trabalho como proletários livres como os pássaros!".[4]

O segredo da acumulação primitiva é a separação do trabalhador das suas condições de trabalho. Nas palavras de Marx:

> Dinheiro e mercadoria, desde o princípio, são tão pouco capital quanto os meios de produção e de subsistência. Eles requerem sua transformação em capital. Mas essa transformação mesma só pode realizar-se em determinadas circunstâncias, que se reduzem ao seguinte: duas espécies bem diferentes de possuidores de mercadorias têm de defrontar-se e entrar em contato; de um lado, possuidores de dinheiro, meios de produção e meios de subsistência, que se propõem a valorizar a soma-valor que possuem mediante compra de força de trabalho alheia: do outro, trabalhadores livres, vendedores da própria força de trabalho e, portanto, vendedores de trabalho. Trabalhadores livres no duplo sentido, porque não pertencem diretamente aos meios de produção, como os escravos, os servos etc., nem os meios de produção lhes pertencem,

---

[3] *Id., ibid.*, p. 339. (N. E.)
[4] *Id., ibid.*, p. 340-341. (N. E.)

como, por exemplo, o camponês economicamente autônomo etc., estando, pelo contrário, livres, soltos e desprovidos deles.[5]

O ponto de partida do desenvolvimento capitalista é o ato histórico em que os meios de produção foram expropriados dos trabalhadores e reunidos em mãos muito menos numerosas, que produziu tanto o proletário quanto o burguês.

Portanto, o "Livre como pássaros!" se refere a um "livre" num duplo sentido, que carrega uma ironia: não estão presos nem à terra nem a um senhor, estando livres para morrer de fome na medida em que não dispõem das condições materiais de realizar o trabalho. Portanto, as condições da relação capitalista pressupõem:

1) de um lado, a disponibilidade da capacidade viva de trabalho como existência meramente subjetiva (energia vital), separada dos elementos de sua realidade objetiva; logo separada das condições de realizar trabalho vivo e dos meios de existência, meios de conservar a força viva de trabalho.

2) De outro lado, o capital, o valor que se contrapõe e que deve ser uma acumulação de valores de uso suficientemente grande, de modo a proporcionar as condições objetivas não só para produzir os produtos ou valores necessários para reproduzir ou conservar a capacidade viva de trabalho, mas também para absorver mais-trabalho, para lhe suprir material objetivo.

3) Deve existir uma livre relação de troca entre as partes, ou seja, uma produção que não proporciona diretamente, ao produtor, os meios de subsistência, sendo mediada pela troca, e na qual ninguém pode apoderar-se diretamente do trabalho alheio, devendo comprá-lo por meio de uma operação de intercâmbio com o trabalhador.

4) A parte que se confronta com o trabalho deve entrar em cena como valor e ter como finalidade última gerar va-

---

[5] *Id., ibid.*, p. 340. (N. E.)

lores, autovalorizar-se, obter dinheiro, e não criar valores de uso e desfrutar diretamente deles.

O esquecimento

A defesa da propriedade impõe o esquecimento. Esquecimento do quê? Do movimento histórico que transforma trabalhadores em assalariados.

Ao trabalhar com os esquecimentos da Economia Política clássica, Marx vai afirmar que: "na história real, como se sabe, a conquista, a subjugação, o assassínio para roubar, em suma, a violência, desempenham o principal papel".[6]

A indagação levantada por Marx indica um sentido que é o de se perguntar quais poderiam ser os esquecimentos da Economia Política se os pressupostos dessa ciência são apoiados na história. Trata-se do esquecimento acerca dos acontecimentos violentos que deram origem à sociedade cindida em classes. Desse modo, só se pode ter acesso a uma ideia distorcida de como se formou o mercado de trabalho.

Para um trabalhador acordar toda segunda-feira e ir trabalhar em troca de um salário, como se isso fosse compatível com a natureza humana, foi necessário que muitos trabalhadores fossem marcados a ferro e fogo, como narra Marx aos descrever as "leis sanguinárias" da Inglaterra aplicadas ao trabalhador que resistisse às condições do mercado de trabalho em surgimento.

Em qualquer formação histórica a sociedade de classes é penosa ao ser humano, trata-se de uma transição violenta de iguais (no estado de cooperação) para divididos (em classes), na qual o trabalho que deve contribuir para a produção social não é favorável a quem trabalha, mas a outrem. Marx mostra o processo de transição violenta que deve ser esquecido para que tudo pareça uma transição natural.

---

[6] *Id., Ibid.*, p. 340. (N. E.)

O esquecimento do processo violento é a crítica de Marx à narrativa idílica de Adam Smith e David Ricardo, que desenvolvem uma abordagem como se a humanidade não pudesse organizar o trabalho de outra forma. Marx mostra como uma parte da realidade deve ser ocultada e esquecida para que a ciência burguesa funcione.

O "esquecimento da dimensão violenta do processo histórico" é funcional para ocultar a violência da constituição do mercado de trabalho, que poderia ser chamado, a rigor, de mercado de força de trabalho transformada em mercadoria.

Marx elucida que o Estado é o organizador desse esquecimento. Na verdade, essa é a sua razão de ser.

Junto ao esquecimento fundamental (porque está na estrutura do modo de produção capitalista) acerca do processo de transformação da força de trabalho em mercadoria existem outros esquecimentos importantes para a reprodução desse modo de produzir mercadorias. É o caso do trabalho doméstico, responsável pela produção dessa mercadoria excepcional para o capitalista, a única capaz de gerar mais valor: a força de trabalho. Entendemos o valor em Marx como uma relação social. O valor é valor da perspectiva do capital, não uma apreciação moral. O trabalho doméstico não gera valor para o capitalista. É um trabalho não pago que compõe a reprodução da força de trabalho, contribui para o aumento da exploração, mas não gera mais valor. É um trabalho não mercantilizado, portanto considerado uma externalidade, no âmbito da reprodução social. Quando se fala em reprodução social, está se falando da reprodução ampliada do próprio capital, mas principalmente em reprodução da força de trabalho e reprodução familiar. O trabalho fabril produz as mercadorias, a forma elementar da sociedade capitalista, e engendra relações e práticas sociais determinantes. E o que produz o trabalho doméstico invisível de milhares de mulheres no mundo? Uma resposta possível é: esse trabalho produz a mercadoria mais extraordinária do ca-

A violência

Como vimos anteriormente, a exploração capitalista na fábrica e a reprodução da força de trabalho nos bairros populares é uma exploração de ordem econômica, ocultada por ser um contrato estabelecido entre sujeitos juridicamente iguais que estão em situação desigual no processo produtivo.

Um é proprietário dos meios de produção e comprador da força de trabalho e outro dispõe apenas, só e somente só, de sua força de trabalho para vender por uma jornada de trabalho remunerada pelo salário, por meio do qual o trabalhador vai acessar as mercadorias que ele mesmo produziu. A violência do roubo do trabalho não pago na jornada de trabalho é ocultada. É necessária uma análise científica para revelar esse roubo, uma teoria da exploração, a teoria da mais-valia!

Na origem do capitalismo, a *violência* é a protagonista da história de conquista de outros povos, a subjugação, humilhação e assassinato para roubar. Desse ato data a pobreza da grande massa que, apesar de todo o seu trabalho, nada possui para vender senão a si mesma, e a riqueza dos poucos, que cresce continuamente, embora há muito tenham parado de trabalhar.

Quando afirmamos que nesse capítulo Marx trabalha com os esquecimentos da Economia Política, queremos dizer que ele reivindica certa lucidez sobre esse processo histórico em que a violência foi a protagonista na separação do trabalhador das condições de realizar trabalho.

Essa é uma das dimensões fundamentais da crítica de Marx à Economia Política clássica ao procurar identificar o tipo de contradição que move o processo histórico na Europa na transição do modo de produção feudal ao modo de produção capitalista, transição essa que teve a violência como "parteira da história".

A perspectiva dos povos colonizados

Concluímos as reflexões do capítulo da acumulação primitiva tecendo um breve comentário sobre o processo de conquista e colonização tão fundamental para a história do capitalismo, e que diz respeito à história e à condição de exploração dos nossos países. Começamos por destacar que a violência do processo de colonização é distinta da violência própria da sociedade de classes em geral.

Do ponto de vista do conflito social como motor da história, a violência da colonização é uma violência de natureza distinta da violência identificada por Marx em "A assim chamada acumulação primitiva". Trata-se de uma violência que não opera na condição de um ser humano sobre outro, mas que rejeita a humanidade de homens, mulheres e crianças das sociedades colonizadas. A violência da acumulação primitiva não rejeitou homens, mulheres nem mesmo crianças; ao contrário, todos foram considerados aptos para, arrancados de seus modos viventes e expropriados dos meios de produção, serem transformados em força de trabalho.

Essa diferença acerca das violências produz contradições fundamentalmente diferentes nessas duas realidades.

No processo de invasão dos espanhóis, portugueses, ingleses, franceses e holandeses aos territórios que viriam a se tornar colônias, havia o objetivo fundamental de fazer dessas uma fonte de riqueza mercantil, isto é, uma fonte de metais monetizáveis ou produtos transformáveis nesses metais, que eram o critério de riqueza no capitalismo mercantil vigente na Europa Ocidental da época e que foram fundamentais para a acumulação primitiva de capital.

No momento em que a civilização europeia ocidental se depara, inicialmente, com as sociedades nativas, se estabelece uma "contradição absoluta" na medida em que o modo de ser daquela humanidade particular nega as outras e impõe de imediato, pela força, as condições do capital mercantil em expansão.

Nas palavras de Frantz Fanon, "o primeiro confronto dessas forças se desenrolou sob o signo da violência, e sua coabitação

– mais precisamente a exploração do colonizado pelo colono – prosseguiu graças às baionetas e aos canhões".[7] Do desfecho desse conflito se deu o primeiro molde gerador da forma social das colônias, que tem como protagonista a violência. Que imprime sua característica nas formas de exploração brutais nesses territórios, tanto em relação aos povos como a naturezas. Isso cria um tipo de mentalidade de *organização social destrutiva*, em que a forma de organizar a sociedade coincide com o processo de devastação do lugar.

A humanidade da sociedade nativa foi negada ao ser descartada como fonte de riqueza no processo de exploração mercantil.

O modo de agir com violência cria relações de trabalho brutais nessas sociedades.

Essas características marcam as relações sociais até hoje. Essa prática de exploração ilimitada e grandes matanças nas relações com os nativos gerou uma consequência ainda mais dura: a negação da humanidade dos explorados.

A relação de exploração e opressão estabelecida por essa violência é transferida parcialmente a toda força de trabalho livre da época e até hoje está presente na relação da burguesia com a classe operária.

Ao serem despidos do valor de seres humanos, esses povos têm em comum uma dureza interna que marca a brutalidade da exploração. Essa é uma condição compartilhada pelos povos que têm em comum a história de invasão e colonização marcada por saque, genocídio, humilhação e pelo não reconhecimento de sua humanidade. Essa brutalidade na exploração da força de trabalho será explicada por meio da categoria de "superexploração da força de trabalho", desenvolvida por uma das matrizes do marxismo latino-americano, a teoria da dependência.

---

[7] Para mais informações, ver também o dossiê *Frantz Fanon: o brilho do metal*, do Instituto Tricontinental de Pesquisa Social, março de 2020 (https://thetricontinental.org/pt-pt/dossie-26-fanon/).

Identificar a violência como força motriz do processo de colonização revela o fundamento predominante nas relações sociais marcadas pela violência exacerbada das forças opressoras dos Estados nacionais, pelo desprezo à vida – como vemos com o número de mortes por fome ou vírus durante a pandemia.

A colonização se deu na base do extermínio e hoje esse extermínio continua, como vemos no genocídio dos jovens das periferias nos grandes centros urbanos.

A violência, que em Marx é o "pecado original" na constituição de nações burguesas na forma de expropriação, se apresenta por meio da negação na formação *deformada* de nações, em que as aspirações de formação nacional não foram realizadas.

No caso da América Latina, por exemplo, é precisamente nos movimentos de independência, quando a ressonância da Revolução Francesa repercute no povo trazendo aspirações emancipatórias da modernidade, que se observa como esses ideais ficam restritos à independência política da burguesia, e que caracteriza a ferida de nascença da formação nacional. Ou seja, os ideais humanos que a modernidade prenuncia não têm aderência aos povos nativos, cuja humanidade foi negada.

São negadas as aspirações emancipatórias da modernidade a esses povos, que estiveram alijados do processo de independência e constituição dos respectivos Estados que, por sua vez, são obrigados a ir além das aspirações modernas de igualdade e liberdade para existirem enquanto nações.

Se coloca o tema da libertação nacional, em um mesmo processo emancipatório que libertará o trabalho da violência da exploração e da opressão. Não se separa a luta de libertação nacional de uma luta anti-imperialista, da luta pelo socialismo. No sul global essas são várias dimensões de uma mesma luta emancipatória.

O tema da libertação nacional, o movimento dos povos que lutam contra a exploração e ao mesmo tempo pelo direito de existirem como tal, é uma contribuição ao marxismo a partir dos diferentes movimentos revolucionários, principalmente aqueles enraizados nos continentes da África, Ásia e América Latina.[8]

Acumulação por despossessão

A segunda dimensão que queremos destacar é que a ofensiva do capital diante da crise remonta ao caráter predatório da acumulação primitiva.

É importante chamar as coisas pelos nomes que elas têm: é uma *ofensiva do imperialismo* que tem uma agenda a cumprir no sentido de uma acumulação por despossessão:

1) Ela opera sobre os direitos da classe trabalhadora. Transforma *direitos em negócios* (aumenta a exploração da classe trabalhadora por meio da retirada de direitos historicamente conquistados, desorganiza as relações de trabalho e lança os trabalhadores/as ao desemprego, informalidade e precariedade).

2) A ofensiva também se dá na *disputa do Estado*, tanto na dimensão política, adequando o Estado nacional e instituições às exigências da acumulação do capital por meio de mudança dos marcos legais, quanto na dimensão econômica, por meio da apropriação dos mecanismos indutores da produção, passando pela privatização das empresas estatais até a disputa da mais-valia social por meio da privatização de fundos públicos. A democracia está ameaçada. O capital financeiro está em uma ofensiva para *adequar as instituições políticas e Estados nacionais às suas necessidades de acumulação.*

3) A *pilhagem de bens naturais* é outra dimensão estratégica nessa ofensiva. Ela disputa territórios e se apropria priva-

---

[8] Para mais informações, ler *Amanhecer, marxismo e libertação nacional.*, disponível em: https://thetricontinental.org/pt-pt/dossier-37-marxismo-e--libertacao-nacional; e *Dez teses sobre marxismo e descolonização*, disponível em: https://thetricontinental.org/pt-pt/dossie-dez-teses-sobre-marxismo-e--descolonizacao/.

damente de fontes energéticas mundiais como petróleo, eletricidade, minérios, terras, água e biodiversidade. Debaixo de todas as nações em guerra tem petróleo ou algum recurso estratégico.

4) O *controle ideológico* também faz com que qualquer resistência seja reprimida, seja por mentiras, desmoralização, desinformação ou pela repressão e criminalização da luta. Outra dimensão é a atomização dos trabalhadores na produção e na representação política. A *destruição da cultura da classe trabalhadora* favorece o autoritarismo e a fascistização da sociedade. As redes sociais acessadas pelo telefone celular são o principal meio da classe trabalhadora acessar a cultura, e por esse meio chega a dominação produzida pelas grandes corporações.

A destruição e precarização do trabalho gera um enorme contingente humano brutalizado, apto à eliminação seja pelo suicídio, pelo genocídio ou pela migração forçada de refugiados.

Com a pandemia, a crise de padrão de acumulação do capital levou um choque exógeno, externo, que tende a mudar de forma estrutural o capitalismo contemporâneo. O capital está reagindo com mecanismos predatórios que retomam aqueles que precediam a acumulação capitalista propriamente dita. Então é aquela violência que extrapola a violência econômica. E o capital lança esses mecanismos de ofensiva sobre os territórios, corpos e sobre a classe trabalhadora, que remontam àquela exploração que Marx descreveu no capítulo sobre a acumulação primitiva. Cabe a nós atuar nessas contradições, compreender essa ofensiva, para que nossa intervenção na história seja transformadora.

A jornada por *O capital*

Vijay Prashad

O rei Midas da Frígia queria transformar o mundo em ouro. Para isso, ele pediu ao deus Dionísio que lhe desse o poder da alquimia. Dionísio, que devia um favor a Midas, concordou. Mas então Midas descobriu que tudo, sim, tudo que ele tocava virava ouro – incluindo a comida e a água de que ele precisava para sobreviver. Quando sua filha veio lhe dizer que as flores não tinham mais cheiro, ele a abraçou e ela também virou ouro. Perturbado, Midas pediu a Dionísio que lhe tirasse aquele poder, o que o deus da fertilidade, do vinho e da loucura fez. Midas já não podia transformar as coisas em ouro. Aquele poder louco o deixou; sua sanidade foi restaurada.

O desejo de transformar tudo em ouro – ou em alguma forma de riqueza – está presente em *Metamorfoses,* de Ovídio, mas é também a lógica de todo o nosso sistema social: "Acumulai, acumulai! Isso é Moisés e os profetas", escreveu Marx n'*O capital.* O que ele queria dizer era que o lugar de Deus havia sido ocupado pela acumulação de capital, que agora era a única divindade real que importava. Essa constatação é boa e clara. Mas a pergunta que Marx fez é: como ocorre a acumulação de capital?

Certamente, não é apenas por roubo, embora o roubo ocorra em nosso mundo. Nesta viagem por *O capital*, o leitor encontra uma explicação lógica de como, apesar dos esforços da classe trabalhadora, a acumulação de riqueza não ocorre em suas contas bancárias, e essa riqueza parece sempre cair nas mãos dos capitalistas. O capitalista aparece como o rei Midas, tocando as mercadorias e fazendo-as virar ouro ou dólares. Mas isso é mítico. O processo real é muito mais simples, embora tenha exigido uma análise científica cuidadosa de Marx para descobri-lo. E, para tal, ele estuda cada parte do sistema do mundo, particularmente seu sistema econômico, e descobre o silvo da mais-valia, extraído não no reino da circulação, mas no esconderijo da produção. A avaliação científica de Marx sobre o que foi aprendido no esconderijo da produção pode ser resumida em 20 pontos:

1. a riqueza se apresenta como uma imensa coleção de mercadorias;
2. mercadorias são bens e serviços produzidos por trabalho humano e destinados à venda. Ar fresco ou água corrente não são mercadorias por si próprias, até que sejam embaladas para a venda – como ocorre atualmente;
3. mercadorias têm um valor de uso e um valor de troca;
4. o valor de uso é qualitativo, com diversos usos a depender do consumidor. Esses usos estão relacionados à forma material específica da mercadoria, que satisfaz nossas necessidades de qualquer natureza, seja o estômago ou a imaginação;
5. o valor de troca é uma relação social quantitativa, que permite que duas mercadorias incomensuráveis sejam trocadas entre si em alguma proporção;
6. abaixo do valor de troca está o valor, que é o que o valor de troca expressa. Valor é o tempo de trabalho abstrato médio socialmente necessário para produzir uma mercadoria. O valor de troca pode representar quantitativamente o valor da mercadoria;
7. cada mercadoria, portanto, tem duas partes: valor de uso e valor de troca, estando o valor sob a aparência do valor

de troca. Essas duas partes estão igualmente presentes na mercadoria da força de trabalho: nossa competência ou, em outras palavras, capacidade de trabalho. É essa força de trabalho que é vendida pelo trabalhador ao capitalista. O valor de uso da força de trabalho, ou trabalho concreto, é o tipo de trabalho – alfaiataria ou programação de computadores. O valor de troca da força de trabalho, ou trabalho abstrato, é intercambiável, o que significa que é um custo para o capitalista e um salário para os trabalhadores;

8. uma mercadoria surge como o principal meio para facilitar a troca e o comércio comum: a saber, o dinheiro. Este se apresenta na forma de metais preciosos – outra mercadoria, com certeza – ou de papel impresso – que é moeda fiduciária, precisando de apoio político para lhe dar legitimidade. A imposição de confiança para o que é reconhecido como dinheiro é subscrita pelo poder político;

9. as mercadorias são levadas ao mercado para serem vendidas por dinheiro, que por sua vez é usado para comprar outras mercadorias. Essa é a troca simples, que é representada por Marx como M-D-M. Você vende para comprar. Uma mercadoria é trocada por outra, e o dinheiro é o intermediário entre as duas mercadorias;

10. algo específico ocorre, entretanto, em condições capitalistas. A ordem das coisas é alterada. O dinheiro é levado ao mercado, onde é usado para comprar mercadorias. Essas mercadorias são então vendidas por dinheiro. Nesse caso, você compra para vender. Se o dinheiro usado para comprar e vender as mercadorias for o mesmo, toda a transação não terá sentido. O que explica o aumento de dinheiro na transação? O que explica a fórmula D-M-D'? Esse aumento, argumentou Marx, não é totalmente explicado pelo velho ditado "compre barato, venda caro". O

que está em questão é mais do que isso. Como o dinheiro pode aumentar? Marx mostra que a solução para essa questão não se encontra apenas na esfera da circulação, mas no processo de produção. A resposta, em suma, está no mecanismo que produz a mais-valia;

11. para produzir mercadorias, o capitalista deve empregar trabalhadores. A mercadoria que os trabalhadores vendem ao capitalista é sua força de trabalho, ou a habilidade ou capacidade de trabalho. Essa força de trabalho é uma mercadoria;

12. todos os insumos do processo produtivo, muitos deles já mercadorias, são transformados na mercadoria que está sendo produzida. O único insumo que se entrega ao processo e sai do chão de fábrica é o trabalhador. Os trabalhadores vendem o que possuem, sua força de trabalho, ao capitalista. O que os capitalistas fazem com essa mercadoria é utilizá-la no processo de produção. Os capitalistas não são donos do trabalhador, são donos apenas da força de trabalho do trabalhador por um determinado período. Depois que o trabalhador termina seu turno, ele sai do chão de fábrica para ir para casa, se reabastecer e voltar no dia seguinte para produzir mais mercadorias. Esse trabalho, de reprodução social, muitas vezes é custeado, sem troca de dinheiro, pela família. No seu turno, os trabalhadores produzem mais mercadorias do que o necessário para pagá-las. O tempo excedente para a utilização de sua força de trabalho, ou seja, o próprio ato de trabalhar (consumir produtivamente o valor de uso da força de trabalho), entrega mais-valia aos capitalistas;

13. o capitalista tenta aumentar a mais-valia extraída do trabalhador de três maneiras diferentes, duas das quais são apresentadas n'*O capital*; e a terceira é indicada à parte por Marx:

a) aumentando a duração da jornada de trabalho. Ao fazer o trabalhador passar mais tempo trabalhando pelo mesmo salário, o capitalista consegue extrair mais mais-valia. Isso é conhecido como extração de mais-valia absoluta. Uma técnica contemporânea conhecida de aumentar a extração de mais-valia é aumentar a intensidade do trabalho: menos pausas para o café, linhas de montagem mais rápidas. Essas são maneiras sutis de aumentar a mais-valia absoluta;

b) aumentando a produtividade da força de trabalho, o capitalista pode gastar mais dinheiro para mecanizar a fábrica ou para melhor organizar e treinar os trabalhadores. Maior produtividade permite ao trabalhador produzir mais mercadorias a cada hora, o que diminui seu tempo de trabalho socialmente necessário. Isso é conhecido como extração de mais-valia relativa. O aumento da produtividade também ocorre nos setores nos quais os bens de consumo dos trabalhadores são produzidos. Isso tem como efeito a redução do tempo de trabalho necessário, que pode ou não se manifestar na forma de redução dos salários nominais e até aumento dos salários reais;

c) suprimindo o nível de consumo dos trabalhadores ou o padrão de vida de partes inteiras do mundo. É importante entender que os salários são determinados histórica e culturalmente, e há grandes diferenças entre territórios; não há, portanto, um nível universal de consumo necessário. No entanto, algumas partes do mundo – devido à história do colonialismo – viram seu desenvolvimento social reduzido, de modo que a superexploração parece normal por razões de "atraso cultural". O imperialismo mantém os salários baixos em certas partes do mundo, argumentando que as pessoas nesses lugares têm expectativas de vida mais baixas, então podem receber menos. N'*O capital*, Marx observou que os capitalistas tentam diminuir "o salário do trabalhador abaixo do valor de sua força de trabalho", mas ele excluiu essa forma de sua análise com base na ideia de que a força de trabalho deve ser comprada e vendida pelo valor total. Essa consideração, que chamamos de superexploração, não é "imaterial" para nossa análise, pois é central para a discussão do imperialismo. Também é central para o feminismo socialista, que presta a atenção correta ao trabalho reprodutivo social não reconhecido. Reduzir o valor da força de trabalho suprimindo os níveis de consumo fornece uma terceira maneira de aumentar a extração de mais-valia. No Livro I d'*O capital*, Marx deixa claro que há um avanço evolutivo desde a dura utilização dos trabalhadores até sua substituição por máquinas. Na seção sobre máquinas ("Maquinaria e grande indústria"), ele descreve como "na Inglaterra, ainda se utilizam ocasionalmente, em vez de cavalos, mulheres para puxar etc. os barcos nos canais, porque o trabalho exigido para a produção de cavalos e máquinas é um quantum matematicamente dado, enquanto, pelo contrário, o exigido para manter mulheres da população excedente está abaixo de qualquer cálculo. Por isso, em nenhum lugar se encontra desperdício mais descarado de força humana por uma ninharia do que na Inglaterra, a terra das máquinas;[1]

14. A mais-valia é extraída por meio desses mecanismos. É importante saber que, embora capital também seja dinheiro, são categorias distintas. Dinheiro é o termo usado para descrever as várias formas de moeda que permitem uma série de transações, desde a compra de uma xícara

---

[1] Marx, K. *O capital*. livro I, t. II, *op. cit.*, p. 27. (N. E.)

de chá até a aquisição de uma corporação. Mas quando o dinheiro é reunido em quantidade suficiente e é capaz de fazer mais do que apenas comprar e vender bens para uso, quando o dinheiro se torna uma força social capaz de se autoexpandir por meio do processo de produção, então o dinheiro não é mais apenas dinheiro, pois tornou-se capital;

15. um conceito-chave aqui é a exploração. Três conceitos são importantes para a compreensão da exploração, capital constante, capital variável e mais-valia:

a) o *capital constante* é o valor das matérias-primas e dos instrumentos de trabalho no processo de produção. Esses materiais e instrumentos são transformados coletivamente na mercadoria produzida pelo processo. No processo de transformação, as matérias-primas e máquinas não alteram seu valor. Seu valor é preservado na mercadoria. O valor permanece constante;

b) o *capital variável* é o gasto com ordenados e salários dos trabalhadores produtivos;

c) os trabalhadores produzem mais valor do que recebem em salários. Esse valor extra é a *mais-valia*. Os trabalhadores vendem sua força de trabalho por uma determinada quantia de dinheiro. Quando começam a trabalhar na produção de mercadorias, levam apenas uma fração de seu dia de trabalho para produzir mercadorias suficientes para cobrir seus próprios salários. Marx chama isso de tempo de trabalho necessário. É "necessário" porque em diferentes épocas e em diferentes países são necessárias diferentes quantidades de bens e serviços para reproduzir a força de trabalho esgotada do trabalhador. Em alguns países, o padrão de vida é inferior ao de outros, o que significa que o tempo de trabalho necessário também é menor. O restante da jornada de trabalho – após o tempo de trabalho necessário – é o tempo de trabalho excedente. É o tempo que o trabalhador gasta produzindo mercadorias que estão acima e além da quantidade necessária para pagar a massa salarial dos trabalhadores.

O conceito de taxa de exploração é medido usando as categorias de capital variável (tempo de trabalho necessário) e mais-valia (tempo de trabalho excedente). O capital variável é a parcela dos valores produzidos no processo de produção que vai para os trabalhadores. A mais-valia, no entanto, é a parte dos valores que vai para o capitalista. A relação entre a mais-valia e o capital variável – ou m/v – pode ser vista como uma expressão quantitativa da exploração dos trabalhadores, também chamada de taxa de mais-valia;

16. os capitalistas devem competir entre si para evitar sua aniquilação da atividade econômica. Eles devem continuar fazendo melhorias em seus produtos e devem continuar fazendo mudanças em seu processo de produção para aumentar sua taxa de lucro e participação de mercado. Esse elemento concorrencial do capitalismo tende a uma maior socialização do trabalho e a um uso mais eficiente dos recursos, incluindo a força de trabalho. Essa dinâmica de concorrência faz avançar as forças produtivas;

17. Os livros II e III d'*O capital*, ambos reunidos por Engels a partir de manuscritos deixados por Marx, aprofundam a análise sobre as complexidades do domínio da circulação e da distribuição da mais-valia extraída no domínio da produção. Aprendemos sobre a possibilidade de crescimento balanceado e equilíbrio e sobre a equalização da lucratividade e a formação dos preços da produção –, o chamado problema da transformação – os termos da distribuição setorial da mais-valia – nas formas de lucro, aluguel, juros, impostos, dividendos – e, mais importante, tendências de

crise do capitalismo. Os escritos de Marx fora do Livro I oferecem uma declaração poderosa sobre o tempo, sobre como o tempo de ciclo rápido, a velocidade rápida de D movendo-se para D' por meio dos circuitos produz uma tendência para o capital buscar taxas de retorno no qual o tempo entre o investimento e o lucro é reduzido. Essa é a tendência objetiva do capital financeiro de eclipsar outras formas de capital e conduzir um processo para que as finanças moldem a economia;

18. atualmente, o crescimento astronômico das finanças levou algumas pessoas a falar de uma nova época, uma nova fase de financeirização. É verdade que o setor financeiro cresceu imensamente, mas o papel das finanças em si não é novo. Os juros são, ao lado do aluguel e do lucro, parte do que Marx chamou de Santíssima Trindade. Para entender o setor financeiro adequadamente, temos que entender a distinção de Marx entre trabalho produtivo e improdutivo. Essa não é uma distinção moral. O trabalho dos médicos e das enfermeiras é essencial, é essencial e socialmente útil, mas na concepção de Marx não é produtivo enquanto não forem empregados por hospitais geridos pelo capitalismo, pois não produzem mais-valia para os capitalistas. Aqui está um exemplo de Marx: "Uma cantora que canta como um pássaro é uma trabalhadora improdutiva. Se vende seu canto por dinheiro, ela é, nessa medida, uma trabalhadora assalariada ou uma negociante de mercadorias. Mas a mesma cantora, quando contratada por um empresário que a faz cantar para ganhar dinheiro, é uma trabalhadora produtiva, pois ela produz capital diretamente".[2] Essa produção de capital é o que

---

[2] Karl Marx, "Economic Manuscript of 1861-1863". *Collected Works*, v. 34, p. 136 [Há edição brasileira: Marx, K. Para a crítica da economia política. Manuscrito de 1861-1863. São Paulo: Autêntica, 2023].

esclarece a distinção. A mais-valia extraída do processo de produção é então dividida entre o lucro dos industriais, os juros dos banqueiros e a renda dos proprietários fundiários. Os bancos desempenham um papel importante no avanço do crédito. Em nosso tempo, a quantidade de mais-valia atraída para as finanças e afastada dos setores produtivos criou um imenso gargalo (ou restrições) no sistema capitalista;

19. uma contradição objetiva se desenvolve entre as forças produtivas e as relações sociais de produção – estas últimas forçam cada vez mais trabalhadores a condições de desemprego ou subemprego e a várias formas de miséria social. A riqueza social aumenta, a capacidade de gerar mais riqueza social aumenta, mas a desigualdade social também aumenta. Esse duplo aumento de riqueza e desigualdade é inerente ao sistema capitalista. A natureza inerente a essa dualidade – riqueza e desigualdade – gera objetivamente uma série de crises para o capitalismo;

20. conhecemos as grandes limitações subjetivas que se colocam diante dos movimentos dos trabalhadores, incluindo as limitações de suas frentes econômicas (sindicais), bem como das sociais e políticas. A fraqueza subjetiva da classe trabalhadora significa que a maioria das pessoas não pode aproveitar adequadamente essas crises recorrentes para moldar o mundo em benefício dos trabalhadores. A tarefa do movimento popular é fortalecer a confiança dos trabalhadores e construir o poder organizado da classe trabalhadora. A tarefa, em outras palavras, é construir a força subjetiva da classe trabalhadora, que seja capaz de nos conduzir a um futuro socialista.

Aí está: em 20 pontos, o esqueleto d'*O capital* de Marx. É uma imensa jornada ler o livro e desenvolver uma avaliação clara das contradições que dominam nossas vidas.

Marx continuou a revisar a versão de 1867 do Livro I para a tradução russa, duas edições alemãs e, em seguida, a (cheia de mudanças) tradução francesa, de agosto de 1872 a maio de 1875. Marx deixou para trás um enorme *corpus* desses escritos econômicos, dos *Grundrisse* aos 32 volumes de notas e comentários que foram produzidos em seus últimos anos.

Os editores se preocupavam com *O capital*, temendo – como Engels – se tratar de uma obra de difícil leitura. Até o censor russo concordou com essa avaliação, deixando o livro passar apesar de o autor ser um conhecido revolucionário. "Poucas pessoas na Rússia o lerão", escreveu o censor. "Menos ainda o entenderão".[3] Mas lá eles o leram e fizeram uma revolução que extraiu d'*O capital* os elementos para a análise necessária com o objetivo de saber onde atacar e o que transformar; mesmo que sua revolução tenha sido derrotada em 1991, a dinâmica dessas revoluções continua, e sua energia eletrifica as contradições da história.

Muitos anos atrás, quando eu ensinava sobre *O capital* em Delhi, em nosso escritório da LeftWord Books, escrevi o seguinte no programa de aulas: "Recomendo uma cópia impressa em algum momento. Este é um livro exigente e exige ser uma parte importante da sua biblioteca". Espero que você concorde.

---

[3] Resis, Albert, "Das Kapital comes to Russia", *Slavic Review*, v. 29, n. 2, jun. 1970, p. 221.

Sobre os autores

Chris Caruso leciona no City College of New York. Ele é um educador popular, organizador comunitário e tecnólogo educacional. Produziu os cursos on-line David Harvey's Capital e coeditou David Harvey's Anti-Capitalist Chronicles (2020).

Emiliano López é o coordenador do escritório de Buenos Aires do Instituto Tricontinental de Pesquisa Social. É pesquisador do CONICET no IdiHCS e professor de Economia na Faculdade de Humanidades e Ciências da Educação da Universidade Nacional de La Plata, Argentina.

E. Ahmet Tonak é pesquisador associado do Smith College e leciona na Universidade de Massachusetts (Amherst). De 2018 a 2024, foi economista no Instituto Tricontinental de Pesquisa Social. Seu livro mais recente (escrito com Sungur Savran) é *In the Tracks of Marx's Capital: Debates in Marxian Political Economy and Lessons for 21st Century Capitalism.*

Olivia Carolino Pires, militante dos movimentos populares do Brasil. Economista, mestra em história Econômica pela Unicamp e Doutora em Ciências Política pela PUC-SP. Se dedica a processos de formação política sobre marxismo e educação popular junto aos movimentos populares. Foi professora no curso de Economia da PUC SP e educadora Popular da equipe do Cepis. Contribui na Escola Nacional Florestan Fernandes e Escola Nacional Paulo Freire. É da coordenação do Projeto Brasil Popular e da Direção Nacional do Movimento Brasil Popular. Esteve como coordenadora de pesquisa no Instituto Tricontinental de 2019 a 2023. Atualmente trabalha como assessora no governo federal.

Vijay Prashad é diretor do Instituto Tricontinental de Pesquisa Social, correspondenteda *Globetrotter* e editor da LeftWord Books. Seu livro mais recente é *Sobre Cuba*, escrito com Noam Chomsky.